Die Rhythmen integraler Bewegung

ISBN 978-3-906318-36-3

integralmovement.ch

Martin Schmid

Die Rhythmen integraler Bewegung

Inhaltsverzeichnis

*Sei jetzt ganz präsent, schenke mir deine ganze Auf-
merksamkeit, mit allem Verständnis, zu dem du fähig
bist, mit all der Subtilität, die du aufbringen kannst.
[...] [Die Lehre] ist wie ein reißender Fluss, der kopfüber
von den Höhen herabstürzt, so heftig, dass er mit seiner
Unvermitteltheit und seiner Geschwindigkeit die Auf-
merksamkeit nicht nur des Zuhörers, sondern auch des
Sprechers übersteigt.*

– Asklepios 3

Vorwort

In diesem kleinen Buch geht es in aller Kürze um die formgestaltende Dynamik integraler Bewegung. Ich werde hauptsächlich über Bewegung sprechen, aber in der täglichen Praxis zeigt sich, dass dieser Kern auf ein breites Spektrum von Bereichen zutrifft, die den Körper und die Beziehung zwischen Körper und Geist betreffen; oder Körper, Verstand, Seele und Geist. Kurz: den ganzen Menschen.

Zunächst ist es wichtig, die Terminologie zu verstehen. *Integrale Bewegung* ist keine weitere Bewegungsmethode oder ein Stil, sondern eine *Methodik*. Als solche kann man sie auf fast alle Bewegungsmethoden und -typen anwenden und auf jede Methode, die zumindest nicht völlig unvereinbar mit Embodiment und Enaktion ist. Das Herz der Integralen Bewegung ist die *integrale Dynamik*, die sich aus zwei der *Rhythmen* zusammensetzt, der Fünf und der Sechs. Diese beiden Rhythmen setzen eine Dynamik in Bewegung, in der sich alle anderen Rhythmen auf natürliche Weise offenbaren werden. Ich kann das sagen, weil ich seit dreißig Jahren damit unterwegs bin und verschiedene Bewegungsmethoden gelernt und unterrichtet habe.

Ich nenne diese Dynamiken Rhythmen, weil «Rhythmen» sinnlicher und weniger technisch klingen als «Dynamiken». Rhythmen bewegen uns. Rhythmen gibt es in der Natur und in der Kultur. Sie sind Struktur und Variation zugleich, wohingegen «Dynamik» auch unstrukturiert sein kann. Rhythmen geben sowohl

Ordnung als auch Freiheit.

Die Rhythmen Fünf und Sechs stehen in unserem Szenario im Zentrum dieses letztlich nicht-linearen Weges (d.h. es gibt zweifellos noch viele andere Ausprägungen), weil sie konkrete Impulse oder Handlungsanweisungen geben, die in Verben formuliert werden. Wir nennen die Rhythmen «Fünf» und «Sechs», weil Nummer Fünf fünf *Impulse* gibt, Nummer Sechs gibt – richtig – sechs Impulse. Also insgesamt elf Verben? Nein, es sind zehn, denn beide Rhythmen enthalten den Impuls «integrieren». Dazu später mehr. Alle anderen Rhythmen bringen keine neuen Handlungsimpulse, sondern neue Dynamiken durch diese Impulse. Wie viele Rhythmen gibt es? Wir arbeiten hier mit fünf. Diese sind nicht zu verwechseln mit den Rhythmen der Tanzmethode «Fünf Rhythmen».

Wenn wir mit den in diesem Büchlein vorgestellten Rhythmen arbeiten oder besser gesagt sie unsere Bewegung, unsere Praxis, vielleicht sogar unser Leben prägen lassen, nennen wir das *kultivieren*.

Die Definition von *integral* basiert auf dem integralen Modell des Philosophen Ken Wilber. Damit «integral» tatsächlich integral ist, berücksichtigen und fördern wir demnach Aspekte, die Innen und Außen, Individuum und Kollektiv, Zustände, Stufen, Perspektiven, Entwicklungslinien und Typen umfassen. Ich werde an dieser Stelle nicht weiter ins Detail gehen, da dies eine umfassendere Beschäftigung mit Wilbers integralem Modell erfordern würde. Dies habe ich an anderer Stelle getan (ID 466-494). Lass mich dies sehr deutlich sagen: Integral ist in diesem umfassenden Kontext zu verstehen und ist kein Modewort.

Integrale Dynamik, Integrale Bewegung, Rhythmen, Impulse, Kultivierung. Es bleibt uns nur noch ein weiterer Begriff zu klären. Wie bereits erwähnt, können wir die Methodik von integraler Bewegung auf fast alle Bewegungsmethoden anwenden. Jede Methode kultiviert eine Auswahl aus dem breiten Bewegungsspektrum und lässt andere Aspekte außen vor. Ich schlage eine Methode vor, die das Bewegungs- und Erkenntnisspektrum optimal fördert: *RIVERS*.

RIVERS ist eine Möglichkeit, ein Angebot, ein Impuls. Es kann deine Bewegungspraxis ergänzen oder als eigenständige Methode fungieren. Wann immer du dich mit einem in diesem Buch gegebenen Impuls verloren fühlst, gibt es die Möglichkeit, den Impuls mit einer der RIVERS-Bewegungen zu verbinden und in dieser Kombination zu erkunden. Aber natürlich kannst du auch ohne zusätzliche Ergänzung mit den Rhythmen in deiner dir vertrauten Bewegungs-Methode arbeiten. Integrale Bewegung drängt anderen Bewegungsmethoden nichts auf, sondern setzt das Potenzial in ihnen frei. Mehr zu RIVERS findest du im Anhang.

Die Rhythmen sind keine Metaphysik, denn sie resultieren aus *verkörperter Erkenntnis* und *Enaktion,* also einem *dialogischen Handeln.* Sie haben sich durch einen integralen Prozess manifestiert. Ich habe sie nicht erfunden. Ich habe sie nicht konstruiert. Sie haben sich durch innere und äußere Empirie gezeigt und in der Anwendung mit vielen Menschen bestätigt.

Was sind also die Rhythmen? Universelle Gesetze, universelle Prinzipien? Es ist für den Verstand letztlich unverständlich, was ich nun sage, und genau darum ist integrale Bewegung ein *Erkenntnisweg*: Rhythmen sind nicht «etwas» und sie sind nicht «da draußen». Genauso wenig sind sie «innen» und esoterisch und rein subjektiv. Sie sind Dialog, und Dialog findet in den (scheinbaren) Zwischenräumen statt. Da, wo wir nichts vermuten. Sie entstehen im Dialog. Sie sind Ko-Kreation und ko-kreierend. Die Trennung von Subjekt und Objekt, dies und das, Sender und Empfänger, Meta und Physis fällt weg.

Was sie für uns sind: Sie sind Werkzeuge. Werkzeuge, um uns zu erinnern. Um das Natürliche zu kultivieren. Um zu sein. Um zu werden. Zu handeln. Um Potential zu entfalten. Zu verstehen. Es sind Möglichkeiten. Einladungen. Vorschläge. Hinweise. Erst im Dialog sind sie Kräfte. Erst im verkörperten Dialog sind sie.

Sie heilen die menschengemachte und kulturprägende Spaltung zwischen Körper und Verstand, oder Körper, Verstand und Geist. Und es wäre nur logisch, denke ich, dass dies nur möglich ist, weil sie selbst aus dieser Ganzheit hervorgehen. Zumindest habe ich sie durch die Praxis der verkörperten Kognition gefunden. Aber diese Details überlasse ich gerne den Philosophen, sollte jemals einer von ihnen irgendwo über die Rhythmen stolpern und sie einen Gedanken oder zwei wert finden. Ich bin ein Pilger, ein Empiriker und ein Methodiker, kein Philosoph. Und für einen Methodiker ist die Tatsache, dass sie unverzichtbare Werkzeuge sind, genug.

Überzeuge dich also selbst, ob sie für dich und durch dich sind.

Ich schreibe dieses kleine Buch, um dich auf deine Reise zu schicken, oder um dich auf deiner Reise zu begleiten. Es erklärt nicht jedes Detail und lässt viele weitreichende Implikationen und Zusammenhänge unbenannt. Ich habe mehrere umfassende Bücher geschrieben, die mehr Informationen zu diesem Thema geben. Aber das ist nicht der Punkt. Alles, was folgen wird, ist in dir. Niemand muss es dir erklären. Du musst es nicht erlesen, sondern erleben. Das Lesen dient meist der Integration. Allerdings habe ich im Text hin und wieder einen Verweis auf entsprechende Passagen in diesen Büchern eingebaut. Damit du, wenn du möchtest, differenzieren und integrieren kannst. Die Details zu den Büchern findest du am Schluss.

Die Quellen der Bücher sind
RzU: Martin Schmid, Reise zum Unmöglichen, 2020
ID: Martin Schmid, Integraldynamik, 2015
BdB: Martin Schmid, Das Buch der Bewegung, überarbeitete und erweiterte Neuauflage 2020
IBLB1: Integrale Bewegung Logbuch 1. (Noch keine Seitenangaben, da das Buch parallel zu diesem entsteht.)

Und natürlich muss niemand diesen Weg alleine gehen. Für echte Live-Abenteuer: siehe das letzte Kapitel im Anhang.

Fangen wir an.

Die Rhythmen: eine Einführung

Lass es mich so klar wie möglich sagen, gleich zu Beginn: Was ich erzählen werde, impliziert Linearität und eine Trennung von Subjekt und Objekt. Der Grund dafür liegt in der Natur der Sprache und nicht in der Natur des Themas. Die Rhythmen sind immer mit uns im Entstehen. Der einzige Schritt ist, für die Rhythmen engagiert präsent zu sein. Wir erhöhen unsere dialogische Kapazität. Wir müssen nichts suchen und finden. Wir ko-kreieren.

Das Gleiche gilt für das Konzept der «Reise». Wir müssen nicht irgendwohin gehen. Die spannendste und schönste Reise ist die Reise ins Hier. Auch wenn das wie ein Kalenderspruch klingt.

Ich werde die Rhythmen in der linearen Reihenfolge vorstellen, in der sie auf meinem Weg aufgetaucht sind. Sie taten dies über einen Zeitraum von fast dreißig Jahren. Wie wir sehen werden, ist nichts in Stein gemeißelt, daher auch nicht die Linearität, in der ich die Rhythmen hier unweigerlich präsentiere.

Es gibt die Zwei, die Fünf, die Sechs, die Drei und die Eins. Fünf Rhythmen, leider, so dass man sie mit der Tanzmethodik namens Fünf Rhythmen verwechseln könnte. Dies sind jedoch andere «Rhythmen». Auch wenn die Tanzmethode Fünf Rhythmen sich in der Köbi-Dynamik entfaltet. Um keine Verwechslungen zu generieren, nennen wir diese Rhythmen hier einfach Rhythmen. Die Vier, die Sieben, die Acht, die Neun und sogar die Zehn sind auch vorhanden, aber sie sind keine Rhythmen per se. Einige von ihnen sind Räume; andere sind reine Dynamik. Wir werden später dazu kommen.

Die Zwei ist die Dualität. Wir kennen sie gut, deshalb beginnen wir mit ihr. Links, rechts, oben, unten, männlich, weiblich, und so weiter. Wenn wir beobachten, was der erste Schritt auf einem Kultivierungsweg ist, findet das immer in solchen Gegensatzpaaren statt. Es ist leicht, mit ihnen physisch zu arbeiten, und die Paare haben ein enormes Potential zur Differenzierung. Die meisten traditionellen Systeme und Wege arbeiten mit der Zwei. Aber viele Systeme hören mit der Zwei, beziehungsweise mit deren Überwindung, auf. Es gibt viel, viel mehr.

Die Fünf ist die natürliche Entfaltung einer (man könnte sagen jeder erfolgreichen) dynamischen Bewegung. Zentrieren - öffnen - weiten - verschmelzen - integrieren. Weil es die natürliche Entfaltung ist, ist es auch die natürliche Bewegung. Darum kann zum Beispiel an anderer Stelle und quasi nicht-kausal eine Tanzmethode «Fünf Rhythmen» aufpoppen, welche die Dynamik dieser Fünf auf ihre Weise ausgestaltet. Die Fünf entfaltet sich sequentiell in Stufen.

Die Sechs ist die Kultvationsdynamik. Die Kultivierung kommt in drei Paaren: beobachten und empfinden, differenzieren und integrieren, subtilisieren und verwesentlichen. Jedes Paar ist in sich dynamisch, und zusammmen bilden die Paare ein dynamisches Netz der Kultivierung. Die Sechs entfaltet sich in Zuständen.

Wir könnten sagen, dass die Fünf und die Sechs zusammen den Kern bilden. Das tun sie, weil sie konkrete Impulse oder Handlungsanweisungen geben. «Konkret?», magst du dich oder mich fragen. Da die konkrete Form der Verben immer kontextabhängig ist, werde ich darauf zurückkommen.

Deshalb können wir die Verben auch als Aufforderung oder als Frage sehen. Wie zentriere ich? Wie öffne ich mich? Bitte fühl dich frei, dich auf eine dir passende Weise zu zentrieren. Auf diese Weise gehen wir einen Weg.

Die Dynamik eines Netzes der Kultivierung kommt in der Drei voll zum Tragen. Die Zwei strebt nach Harmonie und Gleichgewicht, die Fünf entfaltet eine Form, die Sechs ist ein Netz und ein Zustand, die Drei setzt die evolutionäre Kraft frei. Während die Zwei bis zu einem gewissen Grad selbst für den oberflächlichen Beobachter selbstverständlich und die Fünf – wenn man weiß, wie und wo man sie erkennt – offensichtlich ist, ist die Drei eine Leistung der Wahrnehmung und vor allem des verkörperten Handelns. Kompetenzen, auf die uns die anderen Rhythmen vorbereiten.

Die Drei ist intentional. Mit Intention meine ich eine tiefere Intention als die alltägliche Absicht. Diese tiefere Intention entsteht aus dem dynamischen, spannungsvollen Miteinander der Fünf und der Sechs, das, sehr einfach ausgedrückt, eine Ausrichtung schafft. Diese Ausrichtung ist die Intention. Mach dir keine Sorgen, wenn das kompliziert und übermäßig anspruchsvoll klingt. Es ist eine einfache Erfahrung.

Die Eins ist eine noch einfachere Erfahrung. Es ist alles und viele Dinge und – eins. In unserem Rahmen fügen wir dem traditionellen Einheits-Verständnis eine neue Note hinzu. Es geht nicht nur um Non-Dualität oder Einheit, oder um Sein, sondern um Gemeinsamkeit, Verbundenheit, Bezogensein, kurz: echter Dialog.

Die Eins schafft eine Verschiebung der Perspektive. Es sind nicht wir, die das Einssein wahrnehmen. Das Einssein nimmt wahr. Wir bereiten uns auf diese Verschiebung mit den anderen Rhythmen vor, gleich schon zu Beginn, mit dem Beobachten. Gleichzeitig ist es eine ganz andere Art der Verschiebung. Und eine ganz andere Art der Integration. In gewisser Weise ist das Eine nicht nur die Einheit. Es ist – ganz logisch sogar – auch das komplette Anderssein.

Wir können die Wirkungen oder Funktionen der Rhythmen nun zusammenfassen:

Die Zwei ist beschreibend
Die Fünf und Sechs geben Impulse (zum Handeln)
Die Drei ist intentional (und damit ausrichtend)
Die Eins ist

Schauen wir uns die einzelnen Rhythmen genauer an.

Die Zwei

Wir beginnen mit der Zwei, weil wir sie kennen. Wir müssen sie nicht suchen, wir finden sie überall. Alles kommt in Paaren. Links – rechts, oben – unten, innen – außen, Nacht und Tag. Mann und Frau, kalt und warm, und so weiter.

Wir brauchen den Dualismus, um zu beobachten und zu interpretieren. Ausgeglichen oder unausgeglichen, entspannt oder angespannt, integriert oder isoliert.

Wir benutzen den Dualismus auch, um zu urteilen. Richtig und falsch; gut und schlecht; mag ich, mag ich nicht; angemessen und unangemessen.

Die Natur kennt Gleichgewicht und Ungleichgewicht, damit hat es sich. Es gibt kein Gut und Schlecht, keinen geteilten Himmel und keine geteilte Erde, kein Richtig und Falsch, keine Vollkommenheit und kein Versagen. Deshalb kennt die Natur übrigens auch die Aktivität des Spiels als evolutionären Motor, denn im Spiel gibt es kein Scheitern, nur Entwicklung. (Das bedeutet auch, dass Spiel und Sport sehr oft nicht dasselbe sind.)

Beides sucht immer nach Gleichgewicht. Stabilität und Gleichgewicht haben Vorrang. In der Natur nennt man das Homöostase. Deshalb wird es eine Drei geben, welche die evolutionäre Kraft freisetzt. Die Zwei tut das nicht. Aber bevor wir etwas entfesseln, müssen wir stabil sein. Es ist also besser, mit der Zwei zu beginnen als mit der Drei.

Das mag jetzt eine kühne Behauptung sein, aber die Menschheit als Ganzes befindet sich zutiefst in der Dualität. Viele unserer Wahrnehmungen und Interpretationen beruhen auf dualen Modellen. Die Dualität ist so offensichtlich. Selbst unser Gehirn hat zwei Seiten. Und selbst die großen spirituellen Traditionen beschäftigen sich mit der Dualität. Zum Beispiel gibt es die Dualität, und es gibt die Non-Dualität. Das ist eine perfekte Dualität. Im christlichen Kontext kann man von Entfremdung, ein anderes Wort für Sünde, und Einheit sprechen. Eine Dualität. Himmel und Erde. Nirvana und Samsara. Yoga bedeutet, etwas zusammenzubinden, das während des Inkarnationsprozesses irgendwie auseinander gefallen zu sein scheint. Atman und Brahman. Vollkommene platonische Körper und unvollkommene materielle Körper. Die metaphysischen Systeme der letzten paar tausend Jahre befassen sich hauptsächlich mit der Dualität und wie man die Teile zusammenbringt, in eine Einheit bringt oder diese Dualität überwindet.

Dass sich der Dualismus in unserer Zeit aufweicht, zeigt sich zum Beispiel in der Gender-Fluidität. Allein die Unterscheidung von biologischem Geschlecht und sozialem Geschlecht ist eine bedeutende Errungenschaft. Mit der Gendergerechtigkeit in der Sprache ringt man noch, weil die Fluidität der Sprache darunter leidet.

Fluidität ist *eine* Errungenschaft. Polare Einheit

zu erleben, wäre eine andere. Daraufhin wirken die Rhythmen. Gewöhnlich sehen wir die Zwei in einem Rahmen des Dualismus und sehen gegensätzliche Kräfte, Dichotomien, schwarz und weiß. Es ist schwer für uns, darin die Einheit zu finden. Die Dynamik der polaren Einheit zu finden, ist ein Potential der integralen Bewegung. Das bekannteste Symbol dafür ist das Yin-Yang-Zeichen, das Taiji-Logo. Unsere Kultur hat da aber auch etwas zu bieten. Heraklit hat sich schon vor 2500 Jahren mit Gegensätzen auseinandergesetzt und sie in einer spannungsgeladenen Einheit stehend verstanden.

Auch wenn die Einheit der Dualität schwer zu fassen sein mag, ist sie auch eine reale Erfahrung. Sie ist nicht weit weg oder irgendwo in der Philosophie und Metaphysik zu finden. Allein unser Körper ist ein wunderbarer Ausdruck für die Einheit der Dinge. Der Körper ist materiell, er ist Erde. Wir verzehren andere physische Dinge, sichtbare, greifbare Dinge – Wasser, Pflanzen, vielleicht Fleisch, um zu überleben. Aber das, was uns wirklich am Leben erhält, sehen wir nicht, ist nicht anfassbar: die Luft.

Eine weitere Einheit kennen wir aus unserer täglichen Erfahrung: die Person, die wir äußerlich sind und die Person, die wir innerlich sind. Das Offensichtliche und das Verborgene. Das Bewusste und das Unbewusste, wobei das Unbewusste viel größer ist als das Bewusste. Millionen von Prozessen laufen derzeit unbewusst im Körper ab. Diese einfache Tatsache zeigt uns, dass das Unbewusste nicht nur das Verdrängte und Verleugnete ist, sondern eine unvorstellbare Intelligenz. Aus dieser Sicht geht es in der integralen Bewegung nicht darum, alles bewusst zu machen oder dass «nur das Bewusstsein heilt». Was heilt, ganz macht, ist diese verborgene umfassende Intelligenz, die nicht verborgen ist, weil sie geheim ist, sondern weil sie die Kapazität unseres beschränkten denkenden oder beobachtenden Verstandes weit übersteigt. Aber das ist ein anderes Thema für eine andere spannende Zeit.

Das Offensichtliche und das Verborgene. Die offensichtliche, sichtbare Person und die verborgene Person. Man kann sie abspalten, oder sie können ein Ganzes bilden. Sie können eine Blockade oder ein polares Momentum bilden. Ein Ganzes zu bilden, bedeutet nicht, eine Einheitssuppe zu bilden, sondern eine polare Dynamik. Wir werden uns das genauer ansehen, wenn wir über Integration sprechen.

Wie arbeiten wir also mit der Zwei und finden eine polare Dynamik?

Wir verbinden in unseren Bewegungen links mit rechts, oben mit unten. Das Innere mit dem Äußeren. Das Zentrum mit der Peripherie, die Hände mit den Füßen. Wir machen jede Bewegung zu einer Ganzkörperbewegung, die sich selbst trägt und sich natürlich ein- und ausfaltet. Wir finden Verbindungen, legen sie wieder frei, machen sie subtiler. Wir kultivieren Bewegung. Dies geschieht in einfachen Schritten.

Der erste Schritt ist, zu beobachten. Wir können nur mit dem arbeiten, was wir beobachten. Das Beobachten braucht Kriterien (das Bezeugen nicht); das scharfe

Beobachten braucht die richtigen Kriterien. Kriterien kommen in Paaren.

Bitte be(ob)achte, dass man auch auf zwei Arten beobachten kann. Zum einen können wir einen Schritt zurücktreten und etwas «von außen» beobachten. Das tun wir, wenn wir etwas von uns Getrenntes beobachten oder uns selbst im Spiegel betrachten. Aber wir können uns auch ohne einen Spiegel selbst beobachten, reflektieren.

Auf der anderen Seite können wir von innen beobachten, was dann ein Gefühl oder eine Empfindung ist. Dieses Paar, beobachten und empfinden, ist grundlegend. Wir brauchen es im Moment nicht weiter zu differenzieren. Die andere Unterscheidung, die wir jedoch unbedingt machen müssen, ist die zwischen diesem Paar und der Interpretation. Es ist wichtig, beim Beobachten/Empfinden zu bleiben, ohne sie mit der Interpretation zu verwechseln. Beobachtungen und Empfindungen sind Wahrnehmungen. Interpretationen sind Bewertungen. Ich sage nicht, dass es nicht wesentlich ist, zu bewerten. Ich sage nur, dass es wesentlich ist, diese Prozesse nicht zu verwechseln.

Der erste Schritt ist also, deine Bewegung mit bestimmten Kriterien zu beobachten. Ist meine Bewegung / bin ich

- fließend – stagnierend
- entspannt – angespannt
- offen – geschlossen
- warm – kalt
- empfangend – abweisend

- präsent – irgendwo
- fokussiert – abgelenkt
- stabil – labil
- fest – zerbrechlich
- rund – kantig
- weich – hart
- fluid – stacksig
- zentriert – haltlos
- strukturiert – chaotisch
- starr – anpassungsfähig
- ausgedehnt – zusammengezogen
- weit – eng
- verbunden – isoliert
- differenziert – wischiwaschi
- integriert – fragmentiert
- wendig – plump
- flexibel – steif
- verwurzelt – schwebend
- wissend – unwissend
- leicht – schwer
- ausgeglichen – extrem
- symmetrisch – verschoben
- gestreckt – verkürzt
- aktiv – passiv
- erhaltend – abbauend
- schnell – langsam
- komprimiert – dekomprimiert
- einfaltend – ausfaltend
- einfach – komplex
- ziehend – schiebend
- angreifend – neutralisierend
- aufladend – entladend

- linear – kreisförmig
- strukturiert – spontan
- determiniert – offen
- hinführend – entfaltend
- verweilend – eilend
- anpassungsfähig – rigid
- seiend – machend
- authentisch – schablonenhaft
- endlich – unendlich
- aufgerichtet – zusammensackend
- ausgerichtet – orientierungslos

Dies sind nur ein paar Beispiele, aber sie sollten für eine sehr lange Zeit ausreichen, wenn du dich entscheidest, sie beziehungsweise dich durch sie zu erforschen. (Beachte, dass nicht jedes Paar auf jede Bewegungsmethode angewendet werden kann.) Mit diesen Kriterien zu arbeiten, bedeutet «eine Bewegungspraxis zu haben.»

Der erste Schritt ist also die Arbeit mit Kriterien, von denen wir viele als Adjektive unterstreichen könnten. Je größer unser Vokabular, desto differenzierter können wir – nun – differenzieren. Darum lohnt es sich, aktiv ein Vokabular aufzubauen. Sprache ist Freiheit.

Der zweite Schritt ist, die Verben die Arbeit machen zu lassen. Wir werden darauf zurückkommen, wenn wir zur Drei kommen. Der einfache Weg ist, zwei Verben in deine Praxis (oder dein verkörpertes Gewahrsein, deinen verkörperten Fokus, deinen gefühlten Sinn) einzuladen und dich in der Dynamik zu bewegen, die sie entfaltet. Ich nenne dies *selbstverstärkende Zyklen*.

Ein einfaches Beispiel ist das Atmen und Entspannen. Je entspannter du bist, desto tiefer und voller wird dein Atem. Je tiefer dein Atem wird, desto mehr entspannen sich der Körper und der Verstand. Verbinde Atmen und Entspannen.

Und sei schon an dieser Stelle ermutigt: Übergehe das Einfache nicht. Bleibe dabei. Für immer. Erinnere dich daran, dass ich in der Einleitung sagte, dass ich fast dreißig Jahre gebraucht habe, um die Werkzeuge zu erarbeiten. Die Tatsache, dass ich sie dir auf einem Tablett präsentiere, bedeutet nichts. Denn dies sind nicht die Werkzeuge selbst, geschweige denn das Handwerk. Dies sind Hinweise. Die Engagierten werden den Hinweisen folgen und die Werkzeuge finden, indem sie sie ausführen. Werkzeuge und Handwerk sind nicht voneinander getrennt.

Ein zweites einfaches Beispiel für die Arbeit mit Verben ist, sich zu entspannen und zu restrukturieren. Entspanne dich nicht nur als isoliertes, einzelnes Ereignis. Entspanne dich in die Struktur, in das Ganze, in die Ganzheit, in das Selbsttragende. Je mehr du dich in das Selbsttragende hinein entspannst, desto mehr wird die Struktur umstrukturiert und das Selbsttragende strukturiert. Je integrierter deine Struktur wird, desto mehr kannst du entspannen. Verbinde Entspannung und Restrukturierung.

Ein Großteil der Restrukturierung kommt mit dem Öffnen, mit dem Einatmen, während sich das Selbsttragende im Ausatmen deutlich zeigt. Verbinde einatmen und ausatmen. Verbinde einatmen und öffnen. Verbinde einatmen und restrukturieren.

Es folgen einige weitere Zyklen. Ich werde in den folgenden zwei Kapiteln auf spezifischere Impulse zu den Verben eingehen, welche die integrale Dynamik bilden. Für den Moment kannst du diese Beziehungen in deine Praxis einladen, indem du sie beide in deinem Bewusstsein hältst. Um das zu tun, erarbeitest du dir die Kompetenzen des offenen Fokussierens und des entspannten Konzentrierens. Auch dies sind Zweiheiten. Selbst falls die folgenden Worte fast nichts für dich bedeuten, werden neue Bedeutungsebenen auftauchen, indem du sie einlädst, verkörpert und umgesetzt zu werden. Dies ist ein wesentlicher Teil des verkörperten Lernens. Integrale Bewegung ist ein Weg der Erkenntnisgewinnung. Dein Körper wird dich die Bedeutung des Konzepts lehren. Eure Beziehung entfaltet den Sinn. Behandle jedes Verb und jede Beziehung wie ein Koan oder ein Rätsel, das der Körper auf seine eigene Weise lösen wird.

- entspannen – sinken (innerlich)
- öffnen – sinken (innerlich)
- öffnen – empfangen
- öffnen – empfinden
- öffnen – ausdehnen
- ausdehnen – umfassen
- loslassen – erlauben
- ausdehnen – verschmelzen
- verbinden – fließen
- freilegen– kommunizieren

- verkörpern – anerkennen
- verkörpern – verwirklichen

Ein weiteres Beispiel ist die Verzahnung der Fünf und der Sechs. Ich werde darauf zurückkommen. Die folgenden Verben arbeiten wunderbar zusammen:

- zentrieren durch beobachten (und beobachten durch zentrieren)
- öffnen durch empfinden (und empfinden durch öffnen)
- weiten durch differenzieren (und differenzieren durch weiten)
- verbinden durch subtilisieren (und subtilisieren durch verbinden)
- integrieren durch verwesentlichen (und verwesentlichen durch integrieren)

Um dieses Kapitel abzuschließen, möchte ich einige Impulse anbieten, die auf die eine oder andere Weise eine Polarität in sich tragen. Finde Bewegungen aus deiner Praxis, in denen du diese anwenden kannst, und sie werden sich entwickeln und einen gefühlten Sinn erzeugen. Langsame und subtile Bewegungen sind dafür wahrscheinlich die richtige Wahl.

- konzentriere entspannt
- fokussiere offen
- sinke um zu steigen
- öffne ins Sinken
- wahre und weite

- empfange so viel wie du kannst mit so viel wie du bist
- löse die Reaktion auf und entfalte die Kreation
- kultiviere das Natürliche
- stehe wie ein Baum, bewege dich wie eine Welle
- stehe wie eine Welle, bewege dich wie ein Baum

Unterscheide und integriere die vielen Zwei. Arbeite mit diesen Impulsen, bis du beginnst, die Dynamik in der Polarität zu finden. Und dann finde weiter.

Deutungspaare sind für unseren Kontext nur bedingt interessant. Warum eigentlich? Weil du dich durch die Erfahrung der Rhythmen mehr und mehr in Richtung eines fließenden Interpretationsmodus bewegst, anstatt die Dinge festzunageln. Interpretationen werden zu Perspektiven. Aber gewisse Interpretationen sind eindeutig entscheidend und sind keine Perspektiven. Es gibt guten Schmerz und schlechten Schmerz. Das muss ich dir nicht erklären. Dein Körper weiß das. Du weißt es, wenn du auf deinen Körper hörst und nicht auf dein Ego. (Das ist natürlich ein Kunststück der Differenzierung.) Es gibt gute Müdigkeit (wie eine Einladung zum Ausruhen nach einer Aktivität) und schlechte Müdigkeit (Übermüdung, Unausgewogenheit). Du kennst den Unterschied. Es gibt guten Stress (den kurzen, der dich in Schwung bringt), und es gibt schlechten Stress (den lange währenden, der dich langsam umbringt). Du kennst den Unterschied.

Du wirst in den nächsten Kapiteln nicht irgendwo in unserer Familie der Verben «zwingen» und «drängen» finden. Und all diese negativen Gefühlsinterpretationen resultieren aus Zwang und Drang.

Dein Körper weiß das. Hör auf ihn und handle entsprechend.

Die Fünf

Zentrieren – öffnen – weiten– begegnen – integrieren. Bewegungen, die sich entfalten und wieder einfalten, finden in dieser Dynamik statt.

Was sind Bewegungen, die sich entfalten und wieder einfalten? Die meisten der dynamischen Bewegungen. Fast alle Bewegungen, die auf den Grundbewegungen basieren: Stehen, Gehen, Laufen, Werfen, Tragen. Atmen. Werfen. Kämpfen. Also das Kämpfen im schützenden Geist. Kampfsport. Tennis spielen. Natürliche Bewegungen.

Ja, sogar im Stehen finden wir diese Abfolge, nämlich in der Atembewegung und den subtilsten autonomen Bewegungen, die sich entfalten und wieder einfalten.

Runde, natürliche Bewegungen eignen sich am besten, um dieses natürliche Aus- und Einfalten zu entdecken und zu erforschen. Also zum Beispiel Taiji, Qigong, Aikido, Floorwork, viele moderne Tanz-Moves.

Ich beschreibe dir hier die Dynamik, durch welche ich die Fünf entdeckte. Überall in meinen anderen Büchern findest du viele andere Beispiele. Aber eben, am besten findest du die Fünf in der eigenen Bewegung.

Die folgende Dynamik findet in weniger als einer Sekunde statt. Es steht mir jemand gegenüber. Er will mich angreifen. Er beginnt mit einem Fauststoß.

C – center – zentrieren: Ich entspanne und sinke und komme somit ins Lot, in die Mitte, ins Gleichgewicht. Ich bin bereit.

O – open – öffnen: Ich atme ein. Die Gelenke sind

deblockiert. Ich aktiviere meine Bereitschaft. Ich nehme die Faust wahr, die auf mich zugeschnellt kommt.

E – expand – ausdehnen: Ich mache genau das Gegenteil dessen, was mein Instinkt tun würde. Ich gehe nicht in Deckung, sondern der Faust entgegen. Ich strecke meinen Arm aus.

B – blend – verbinden: Meine Hand landet auf dem auf mich zukommenden Arm wie ein Schmetterling. Sanft und kaum wahrnehmbar. Ich bin jetzt in Kontakt mit der Bewegung des Angreifers. Ich verbinde mich mit der Bewegung. Seine Bewegung wird meine Bewegung. Was vorher getrennt war, ist verbunden. Wir bewegen uns gemeinsam.

I – integrate – integrieren: Da seine Bewegung zu meiner Bewegung wird, wird das Zentrum des Gegners mein eigenes Bewegungszentrum. Ich kann die Bewegung nun nach Belieben umleiten. Ich drehe mein Zentrum leicht, und damit dreht sich mein Oberkörper. Der Fauststoß verfehlt sein Ziel und ich geleite den Angreifer sanft zu Boden.

Damit ich mir selbst diese Dynamik zu Beginn merken konnte, weil ich sie vermitteln wollte, suchte ich mir und meinen StudentInnen eine Eselsbrücke.

Center – open – expand – blend – integrate. C-o-e-b-i.

Wenn wir das zusammensetzen, erhalten wir COEBI. Auf Schweizerdeutsch können wir das als Köbi schreiben, kurz für Jakob. So wird die Fünf genannt. Köbi. Ein schöner, knuffiger und irgendwie witziger Name. Jedenfalls für eine Dynamik.

Köbi ist eine Abfolge von sich entfaltenden Bewegungsphasen. Köbi ist linear und zyklisch gleichzeitig. Wie kann das sein? Es läuft immer von C zu O zu E zu B zu I. Kein Schritt, keine Stufe kann übersprungen werden. Bei Köbi geht es um Stufen in oder von Bewegung, während es bei Rhythmus Sechs (wir werden ihn Kulti nennen) um Zustände gehen wird. Stufen entfalten sich in einer linearen Weise. Du kannst keine Stufe überspringen.

COEBI ist ein verschachtelter Prozess: vom Zentrieren zum Öffnen. Das Öffnen integriert und transzendiert das Zentrieren und fügt eine neue Qualität hinzu. Das Öffnen wird zum Expandieren. Das Expandieren integriert und transzendiert die Öffnung und damit auch die Zentrierung, usw.

Köbi kann in allen Formen gefunden werden, die im Kontext der integralen Bewegung untersucht und erwähnt wurden, und darüber hinaus in vielen anderen Dynamiken. Es kann sehr spannend, hilfreich, lehrreich und erhellend sein, Köbi in anderen Lebensbereichen zu entdecken und zu kultivieren! Stufen und Verschachtelungen geschehen auf eine lineare Weise.

Köbi ist zyklisch, weil das, was sich ausfaltet, wieder einfaltet.

Köbi ist spiralförmig, weil das Zentrum, zu dem wir durch Integration zurückkehren, nicht mehr dasselbe ist, das wir anfangs «verlassen» haben.

Lass mich das korrekter und komplizierter sagen, nur fürs Protokoll.

Köbi ist spiralförmig, weil das Zentrum, zu dem wir durch Integration zurückkehren, nicht mehr dasselbe ist (weil es umfassender ist) wie dasjenige, das wir «verlassen» haben (wir haben es nicht verlassen). Daher ist das Ergebnis der nächsten Dynamik ein wenig anders, obwohl der Prozess oder die Struktur des Prozesses an sich immer noch die gleiche ist. Jedes COEBI ist ein Fraktal und ein Holon, ein Ganzes in einem größeren Ganzen, sich selbst ähnlich, sich selbst variierend.

Was nicht variiert, ist die Struktur. Was variiert, ist die konkrete Ausgestaltung im jeweiligen Moment. Die Form oder Dynamik von Köbi ist vorhersehbar, aber der Inhalt an sich ist völlig kontextabhängig.

Du wirst feststellen, dass die Fünf in manchen Bewegungsmethoden leichter zu finden ist als in anderen. Im Taiji, Qigong, Aikido und anderen Kampfsportarten, in vielen Tanzstilen und in natürlicher Bewegung (z.B. werfen) ist dieser Rhythmus existentiell. Im Yoga ist er schwerer zu finden, denn im Yoga geht es nicht um Bewegung als solche, sondern um Körperhaltungen (Asanas), und die Bewegungen in diese Asanas sind oft so linear wie die Matte, auf welcher sie ausgeführt werden. Letztlich ist die Fünf aber in jedem einzelnen Atemzyklus zu finden.

Du kannst deine Praxis, oder, wenn du unterrichtest deinen Unterricht, mit Köbi strukturieren.

C – Aufwärmen – Ankommen
O – Erkundung – Wörter
E – Wortschatz – Fließende Sprache
B – Erforschen – Improvisation
I – Reflexion – Integration

Ein gutes Aufwärmen bereitet deinen Körper, die Muskeln, die Faszien, das Nervensystem und das Gehirn auf eine sanfte, aber effektive Weise vor. Danach fängst du an, einen bestimmten Aspekt oder einige bestimmte Aspekte in einer isolierteren Weise zu erforschen. Dann stellst du deine Erfahrungen in einen größeren Zusammenhang, so als würdest du Sätze aus den gerade gelernten Wörtern bilden. Du fängst an, mit ihnen zu experimentieren und zu spielen, und am Ende lässt du alles sich selbst integrieren, indem du zu einfacheren, subtileren Bewegungen zurückkehrst, indem du einfach stehst, oder dich beispielsweise hinlegst. Halte dein Beobachten und Empfinden präsent, während du das tust. So verhinderst du eine einseitige Kopplung des Wahrnehmens mit dem Tun und bringst es ins Sein. Und damit in den Körper.

Ich habe bereits erwähnt, dass die Arbeit mit Verben extrem kontextabhängig ist. Zum Kontext gehören die Art der Bewegung, das Warum der Bewegung, und die Person, die sich bewegt, mit ihrer spezifischen Charakterstruktur, ihrem Körpertyp, ihrem Potential und ihrer individuellen Geschichte.

Die Sache wird noch komplexer. Die Verben zwingen keine Form auf, sondern sind formgebende Kräfte. Daher kann jedes Verb eine große Bandbreite an Aktionen und Bewegungen hervorrufen. Ich möchte dies an einem Beispiel zeigen. Nehmen wir das Verb «zentrieren».

Zunächst einmal können wir in verschiedene Zentren zentrieren. In den Körper als Ganzes, das Becken (als Zentrum der dynamischen Bewegung), den Rumpf

(«Core», als Zentrum der stabilen Bewegung), den
Atem (als Zentrum der subtilen Bewegung), den Boden (als Zentrum der kraftvollen Bewegung), das Lot
(die Wirbelsäule, als Zentrum der ausgerichteten Bewegung), das Herz (als Zentrum des Menschseins).

Zentrieren kann also bedeuten, den Körper zu spüren. Es kann bedeuten, durch Entspannung nach unten zu sinken wie eine innere Sanduhr. Wurzeln in
den Boden zu schlagen. Unten schwer, oben leicht zu
werden. Es kann bedeuten, Bewegungen bewusst aus
dem Becken heraus zu entfalten, nachdem sie in den
Beinen generiert wurde, und wieder ins Becken und in
den Boden einzufalten (sinken und senken). Die Kraft
aus dem Boden zu holen, sie im Becken zu lenken und
im Oberkörper und den Armen zu vollenden. Zentrieren kann auch bedeuten, die Wirbelsäule funktional
einsetzen zu können. Muskelmasse aufzubauen. Den
Rumpf zu stärken oder stärkere Beine zu entwickeln. Es
kann bedeuten, den Herzraum zu weiten und zu öffnen, Verbindungen vom Rumpf in die Arme freizule-
gen. Es kann bedeuten, den Atem mit der Bewegung zu
verbinden, was zunächst einmal eine elementare Ate-
merfahrung voraussetzt; oder die Faszien zu lösen, um
den Körper durch dieses umfassende Wahrnehmungs-
organ gezielter wahrzunehmen. Und vieles mehr.

Interessant ist, dass je nach Charakterstruktur (und
Bewusstseinsstand) bestimmte Formen der Zentrierung auf massive Widerstände stoßen können. Jemand
möchte einfach nur sein Herz öffnen und das Einssein
mit dem Kosmos spüren, hat aber enormen Widerstand gegen die Erdung, die Kräftigung der Beine und
die Stabilisierung des Rumpfes. Solche Widerstands-

dynamiken finden wir in verschiedensten Formen gegenüber allen Verben, und sie sind fast immer mit der individuellen Geschichte verbunden und an psychische Energie gebunden, die losgelassen werden kann. Manchmal haben sie auch mit kultureller Konditionierung zu tun. «Expandieren» ist das, was unsere Kultur praktiziert, aber sie weiß nichts über richtiges Expandieren. Die Expansion, die sie praktiziert, erschöpft die Ressourcen und lässt Mensch und Natur ausbrennen. Hier muss eine Umprogrammierung stattfinden, und hier liegt ein großes Potential einer integralen Bewegungspraxis; zum Beispiel durch die Erfahrung des Weitens aus der Überfülle heraus, als Umkehrung des Raumflusses, als Schritt zur Begegnung und Verbindung oder in Kombination mit der Differenzierung (RzU 153-70).

Ich sollte auch erwähnen, dass die Köbi-Dynamik in drei Formen kommt: als Interpretationsmodell, als Dynamik, und als Seinszustand. Zuerst fängst du an, Köbi überall zu sehen, weil du eine Köbi-Brille trägst. Dann beginnst du, ihn in deiner Praxis zu entfalten. Du achtest auf deine Bewegungen und die einzelnen Stufen des Entfaltens. Allmählich verkörpern sich die Qualitäten als ein Zustand. Du bist zentriert, du bist offen, du bist weit, du bist vernetzt, du bist integriert. Das ist Verkörperung. Das Tun und auch das Konzept fällt weg. Du bist Köbi. Und, noch besser: Du wirkst zentrierend, öffnend, erweiternd (inspirierend), verbindend und integrierend.

Die Sechs

Kultivierungswege wie Yoga, Qigong, Taiji, Aikido, Meditation und andere Wege unterscheiden sich in der Köbi-Dynamik, nicht in der Kultivationsdynamik. In Rhythmus Fünf, nicht in Rhythmus Sechs. Vielleicht noch deutlicher ausgedrückt: die Formen sind unterschiedlich, nicht der Kultivierungsprozess an sich. Die Form bestimmt, was kultiviert wird. Aber die Art und Weise, wie kultiviert wird, ist – natürlich in Variationen und unterschiedlichen Differenzierungen, Gewichtungen und Kompetenzen – überall derselbe Prozess. Kurz gesagt, der Schlüssel ist Achtsamkeit. Wir haben es schon gehört. Das ist nichts Neues. Aber Achtsamkeit ist ein Substantiv, und wir können keine Substantive praktizieren. Niemand praktiziert Achtsamkeit, obwohl viele behaupten, dies zu tun. Da kommt die Kompetenz ins Spiel. Wenn wir es tun und eine konkrete Praxis beschreiben, brauchen wir Verben dafür. Wir müssen also das Substantiv Achtsamkeit in Verben überführen. Übrigens, auch in den Traditionen wird Achtsamkeit als Prozess und ein Verb beschrieben, nicht als etwas, das wie eine Pille angewendet wird (ID 596-99).

Ich habe mehrere Jahre gebraucht, um die richtige Struktur der Verben aus dem Substantiv zu extrahieren, ohne etwas zu verlieren. Aber am Ende tauchte es als selbstverständliches Ganzes aus sich selbst heraus auf, und das innerhalb weniger Sekunden oder Minuten im Stillsein. Natürlich. Meine Jahre sagen also mehr über mich aus als über Rhythmus Sechs.

Um zu zeigen, wie wir zu diesen sechs Verben kommen, müssen wir den ganzheitlichen Prozess auf einen linearen Prozess herunter brechen.

Wenn wir *beobachten* (gemeint ist in unserem Kontext also *uns* beobachten), nehmen wir zuerst den Körper wahr. Wenn wir im Beobachten präsent bleiben, ohne uns darauf zu fixieren (erinnere dich daran, dich zu öffnen), dann beginnen wir in einer zweiten Phase, den Körper anders wahrzunehmen. Wir beobachten nicht nur, wir beginnen zu *empfinden*. Das kann in drei Stufen geschehen: spüren, fühlen, empfinden. Beobachten und empfinden bilden unser erstes Paar von kultivierenden Verben.

Wenn wir dranbleiben, werden diese Wahrnehmungen sowohl *differenziert* als auch *integriert*, unser zweites Paar von Kultivierungsverben, und weiter, sowohl subtiler als auch wesentlichter. Subtilisieren bedeutet, geschmeidig, glatt, fließend zu machen. Wir tun dies, indem wir das Unnötige und Unnatürliche loslassen, was der verwesentlichende Aspekt ist. Daher ist unser drittes Paar von Verben *subtilisieren* und *verwesentlichen*. Verwesentlichen bedeutet, dass mehr und mehr unbedeutende Elemente als solche erkannt und losgelassen werden, was natürlich Raum für eine tiefere oder umfassendere Wahrnehmung schafft.

Achtsamkeit bedeutet also: beobachten und empfinden, differenzieren und integrieren, subtilisieren und verwesentlichen. Die Dynamik der Kultivierung. Rhythmus Sechs. Man kann ihn auch Kulti nennen. Damit Köbi ein «Gspändli» hat, wie wir in der Schweiz sagen. Nur, die zwei bilden ein kraftvolles Gespann, sind aber andauernd in einer Spannung zueinander. Daraus entsteht die evolutionäre Spannung. Wir werden sehen.

Während die Fünf in Bewegung erlebt wird, als räumliches und zeitliches Phänomen, das sich sequentiell entfaltet und einfaltet, können wir die Sechs ganz anders erleben. Sie ist *ein* Zustand.

Die Sechs ist die Kultivierung. Die Sechs bringt die Ethik in die Form. Eine Fünf ohne die Sechs kann, muss aber nicht ethisch sein. Mensch, ich hatte lange mit dieser Tatsache gerungen. Das war der Grund, warum ich wusste, dass es mehr geben musste. Die Fünf war nicht das Endgame.

Der Kultivierungsprozess muss initiiert werden, und wir starten normalerweise mit dem Beobachten. (Das sogenannte Bezeugen ist bereits eine subtilisierte, differenzierte, verwesentlichte Form des Beobachtens. Der «Zeuge», wie man gerne von ihm in Meditationsanleitungen hört, ist eine Nominalisierung der Dynamik und Ausdruck einer subtilen Identifikation mit diesem Prozess. Deshalb gibt es noch subtilere und verwesentlichtere Zustände, wo diese Identifikation und Nominalisation wegfällt.) Danach ist der Prozess jedoch nicht mehr linear (wie oben vereinfachend beschrieben), sondern verläuft wie ein holistisches Ganzes, ein Holomovement. *Ein* Holomovement, in dem aus sich selbst heraus Fokuspunkte gesetzt werden. Die Fokuspunkte oder Perspektiven kommen in Paaren. Sie sind von Anfang an Beziehung. Dynamisch, dialogisch und vielperspektivisch. Jede Beziehung steht in Wechselwirkung mit den beiden anderen Beziehungen. Es entsteht ein unendlich differenzierendes, integrierendes, subtilisierendes, verwesentlichendes, sich selbst erhaltendes und selbst erschaffendes Netz. Ein hochdynamisches Netz von Beziehungen.

Um es klar zu sagen: Wir beginnen mit der Beobachtung des Grobstofflichen, des Körpers, mit den fünf Sinnen. Obwohl die Sechs nicht linear ist, ist dieser Ausgangspunkt wichtig. Denn die grobstoffliche Ebene verankert den Prozess. Fangen wir gleich im Feinstofflichen an, ist das Ergebnis genau das, was an allen Ecken und Enden in esoterischen Kreisen und New Age Bewegungen zu sehen ist: Es fehlt die Fähigkeit der Unterscheidung. Man badet in subtilen «Wahrnehmungen» und Interpretationen, ohne die Fähigkeit entwickelt zu haben, zu unterscheiden, was davon a) Wahrnehmung und was b) Interpretation ist, und was c) daraus für intelligentes Handeln resultieren soll. Und zurück zu a), was davon Selbstwahrnehmung und was Fremdwahrnehmung ist, was Wahrnehmung des Inneren und was Wahrnehmung des Äußeren ist; und zurück zu b), woher diese Interpretation kommt, von wo aus man interpretiert, mit welchen Werten und aus welcher Perspektive, aus welcher Bewusstseinsebene.

Das hört sich nach viel an, aber das meiste davon wird gelöst, indem man mit dem Grobstofflichen beginnt und es nie verliert. Der Körper ist der Anker und das Erkenntnisinstrument. Auch hier zeigt sich die enge Interdynamik mit Rhythmus Fünf, wobei Zentrierung als Verankerung im grobstofflichen Körper verstanden werden kann.

Was auffallen mag, ist, dass integrieren sowohl in Rhythmus Fünf, als auch in Rhythmus Sechs vorkommt. Zusammen bilden diese Verben also nicht clf, sondern zehn Verben. Diese zehn Verben nenne ich Integraldynamik.

Alles, was in Bewegung ist, steuert auf Integration zu. Neben der empirischen Erfahrung ist es diese Schnittstelle, oder Überschneidung, oder Verbindung von Rhythmus Fünf und Sechs, die dies aufzeigt.

Bitte beachte, dass ich mit Integration keineswegs irgendeine Form von Auflösung, einen homogenen Zustand oder ein Endstadium meine. Nein. Denn alles, was in Bewegung ist, strebt ebenso immer der Differenzierung und Diversität zu. Was diese Integration bedeutet, ist eine ständige Entfaltung einer höheren Ordnung und eines tieferen Miteinanders. Ich werde auf diesen Punkt im Kapitel über die verflochtene Dynamik der Fünf und der Sechs im Anhang zurückkommen.

Es gibt drei Stufen des Vorganges, den wir Empfinden nennen und zwei weitere Stufen oder Perspektiven, die damit zusammenhängen.

Die ersten drei Stufen sind ein Prozess der Subtilisierung: spüren, fühlen, empfinden.

Von dieser subtilsten Form, die wir irritierenderweise auch empfinden nennen, gibt es zwei Aspekte oder Perspektiven:

1. *Den* Körper empfinden
2. *Mit dem* Körper empfinden

Das ist das Schöne am Empfinden: Wir können viele Dinge beobachten, die wir nicht sehen. Weil wir sie spüren können. Wer jetzt an Engel denkt, ich habe eher an den Po gedacht, zum Beispiel. Oder an den Rücken. Wir können den Körper sehr differenziert spüren, fühlen, empfinden.

Der zweite Schritt ist dann, mit dem Körper zu empfinden. Subtilere, aber in keiner Weise getrennte Aspekte, die wir Befindlichkeit nennen, Psyche, Seele, Geist. Aber es sind auch Dinge, die nicht eigen-körperlich sind, wie ein Raum, eine Atmosphäre, ein Gespräch, Menschen und so weiter. Hier geht es nicht mehr um das Beobachten. Das ist also etwas anderes, als deinen Fokus auf etwas außerhalb deines Körpers zu richten. Du spürst diese Dinge mit deinem Körper. Wir betreten den Bereich der Intuition und damit des Unbewussten. Das ist eine große Verschiebung. Wenn wir den Körper spüren, machen wir uns bewusst. Wenn wir mit dem Körper empfinden, geben wir uns dem großen Unbewussten hin, das wir sind, um zu offenbaren und umzusetzen, was auch immer das Unbewusste beschließt, durch die Empfindung zu offenbaren.

Intermezzo : Die Verbenfamilien

Wie bereits erwähnt, ist die konkrete Arbeit mit Verben und deren konkreter Ausdruck hundertprozentig vom Kontext abhängig. Das Einzige, worauf du dich verlassen kannst, ist, dass keine Beschäftigung mit einem Verb jemals abgeschlossen ist.

Verben sind von ihrer Natur her fließend, und so ist auch ihre Abgrenzung zu anderen Verben. Jedes Verb ist eine Wahrscheinlichkeitswolke. Je nach Kontext üben wir ein Verb anders, und je nach Kontext können oder müssen wir es anders benennen. Und so können wir Verben als Familien von Verben erkennen. Das gibt uns zum einen ein breiteres Spektrum an Werkzeugen. Es kann uns einen Anhaltspunkt geben, wie wir ein Verb üben könnten oder was es eigentlich bedeutet. Auf der anderen Seite fügt es ein spielerisches Element hinzu, das absolut notwendig ist.

Zentrieren

sinken, entspannen, loslassen, verwurzeln, erden, fokussieren, sammeln, konzentrieren, verkörpern, strukturieren, atmen, erfahren, präsent sein, abgeben (etwa dem Boden), lassen, kosten, auftreten, ankommen, wahren, im weiteren Sinn auch empfangen und Gefäß sein, herunterfahren, vergegenwärtigen, sich einlassen, ankommen, verorten

Öffnen

eröffnen, aufgehen, aufschließen, entfalten, ausbreiten, vorbereiten, bereit sein, sich ausrichten, weiten, zulassen, aufblühen, anregen, auffalten, horchen

Expandieren
ausdehnen, dehnen, weiten, ausweiten, längen, erweitern, strecken, wachsen, bewegen, bedenken, variieren, ausfalten, erregen, reichen, ahnen

Begegnen
teilen, mitteilen, sich widmen, verbinden, berühren, vermischen, vernetzen, verschmelzen, kommunizieren, resonieren (in Resonanz sein), teilnehmen, partizipieren, begleiten, empfangen, antworten, sich hingeben, sich schenken, flirten, be-sinnen (mit den Sinnen verbinden), er-innern (an das Innere rückbinden), zuwenden, hinwenden, (sich) austauschen, annehmen, (sich) ausrichten, (sich) einlassen, erreichen, freilegen, erkennen, (nach)folgen, eintauchen

Integrieren
würdigen, annehmen, wirken lassen, Revue passieren lassen, verinnern, verinnerlichen, verwerfen, rückbinden, transformieren, transfigurieren, transzendieren, verkosten, aufgehen (im Größeren), reflektieren, konsolidieren, einfalten, einverleiben, eingliedern, einbetten, handeln

Beobachten
wahrnehmen, bezeugen, studieren, betrachten, hören, riechen, schmecken, tasten, sehen

Empfinden
spüren, fühlen, erfühlen, ahnen, lauschen, horchen

Differenzieren

trennen, analysieren, isolieren, sondieren, einteilen, zerlegen, unterscheiden, gliedern, zergliedern, abgrenzen, entwirren, entflechten, nuancieren, spezifizieren, spezialisieren, abstufen, aufschlüsseln, separieren (nicht: dissoziieren), sortieren, aussortieren, loslösen, ablösen, verwerfen

Subtilisieren

verfeinern, verinnerlichen, nachkosten, nachlauschen, nachhorchen, nachspüren, nuancieren

Verwesentlichen

klären, reinigen, sich setzen lassen, (sich) vertiefen, natürlichen

Die Drei

Das ist Rhythmus Drei in seiner grundlegendsten Form.

Aber lass uns für einen Moment zurückblättern. Wenn wir mit selbstverstärkenden Zyklen arbeiten, wie bei Rhythmus Zwei, arbeiten wir mit einer zweifaltigen Dynamik. Aber eigentlich sind es drei. Zwei Verben und ich. Hoffentlich geht nicht alles glatt und wir haben schon eine hochdynamische Drei. Und das ist die inhärente Natur der Drei: sie ist hochdynamisch.

Ja! Nein! Hm?

Wir sprechen von drei Kräften. Es gibt ein Ja, es gibt einen Widerstand, und es gibt eine vermittelnde, transformierende Kraft.

Das Ja will etwas tun oder sein. Zum Beispiel eine Bewegung lernen, eine Bewegung machen. Ja, ich will Taiji machen! Den Handstand! Und so beginnt das Spiel. Ja, die drei ist ein Spiel. Ein Infinity Game. Das große, evolutionäre Spiel.

Nochmals: «Ja, ich will Taiji machen! Oder den Handstand!» Das ist der Punkt, an dem das Nein ins Spiel kommt. Das Nein ist Taiji selbst, ist der Handstand, oder was auch immer du übst. Denn so einfach ist es nicht! Taiji sagt: «Das ist schön, aber schau, wie isoliert du deine Körperteile bewegst.» Der Handstand sagt: «Fass mich doch, wenn du kannst!»

Das ist ein Grund zum Aufgeben. Und viele Menschen geben auf. Egal in welchem Bereich der Bewegung. Und auch in anderen Bereichen. Im Job. In einer Beziehung. Weil ihnen die dritte Kraft fehlt. Und die dritte Kraft ist nicht nur die Motivation. Das wäre die erste. Die dritte Kraft ist die vermittelnde Kraft. Die Kraft des Dialogs.

«Lass uns sehen, was wir hier haben, und was wir daraus machen können.»

Die dritte Kraft ist die wahre ausrichtende und verbindende Kraft. Sie ist der Kompass, der uns auf dem Weg hält. Ohne sie bleiben das Ja und das Nein entweder im aktiven Konflikt, die Konstellation löst sich auf, oder man findet sich in einem Kompromiss wieder, der wenig Wachstumspotenzial hat. Oder wir vermeiden jeden potentiellen Konflikt von vornherein und geben uns oberflächlichem Wohlbefinden oder falscher Harmonie hin.

Die dritte Kraft ist eine Kompetenz. Die dritte Kraft hat viel mit dem zu tun, was wir in Rhythmus Zwei, Fünf und Sechs entwickeln. Wir beobachten, wir verbinden, wir differenzieren, wir subtilisieren, wir schaffen Raum, wir sind ein Container. In diesem Container kann es Widersprüche geben, ohne dass sie aufgelöst werden müssen. Sie werden Integration finden, wenn sie sich im Raum bewegen und in Bewegung bleiben können.

Um der dritten Kraft gewahr zu werden oder sie zu finden, müssen wir präsent, offen und geweitet sein. Wie alle Rhythmen ist auch die Drei ein Zustand des Seins. Die Zwei ist ein Zustand des Seins, der in sich selbst ruht, oder, wenn er nicht ruht, diese Ruhe sucht.

Nun, wenn wir drei Kräfte haben, ändert sich die Dynamik. Es ruht nicht mehr in sich selbst. Es wird zu einem Tanz.

Intrinsisch und offensichtlich finden wir die dreifache Dynamik bereits in Rhythmus Sechs, denn dort arbeiten drei Paare zusammen. Das, und die spannungsvolle Dynamik zwischen der Fünf und der Sechs, auf die wir uns selbst beziehen und in die wir uns als Drittes einbringen, bringt alles in Gang. Wo wir auch hinschauen, finden wir Dialog. Darum müssen wir nicht nach einer ominösen, vielleicht gar metaphysischen dritten Kraft Ausschau halten. Die dritte Kraft bringt Drive in die Sache, Action, und so können wir, statt Kräfte suchen, auch ganz einfach uns dem Dialog öffnen und den Dialog eröffnen.

Sobald du anfängst, die Drei und damit den Dialog in deine Praxis einzubeziehen (oder aufhörst, sie auszuschließen), wirst du sie in vielen Formen, vielen Tänzen finden. Ein wesentlicher Tanz ist die Dreiheit von *loslassen – zulassen – sich einlassen* (was wiederum eine Variante von *«präsent, offen und geweitet sein»* ist, den ersten drei Köbi-Stufen).

Loslassen bedeutet, sich zu entspannen, zu verwesentlichen.

Zulassen bedeutet fließen zu lassen, zu hören, zuzuhören, hinzuhören.

Sich einlassen bedeutet, sich zu engagieren, involviert zu sein, zu umarmen. Das sind alles Worte, die einen Hauch zu aktiv sind. *Eintauchen* ist vielleicht das richtige Wort für sich einlassen.

Es ist eine ganz andere Geschichte, ob wir nur loslassen üben, oder ob wir im Kontext dieser Dreiheit üben, loszulassen. «Einfach loslassen» ist eine beliebte Floskel und leere Anweisung (die andere ist «einfach wahrnehmen»). «Entspann dich einfach.» Aber aufmerksame StudentInnen stellen vielleicht die berechtigte Frage: «Wohin? Wohin soll ich loslassen?» Andere stellen die Frage unbewusst, und wenn sie keinen Fluss, keine Struktur, kein Ganzes finden, in das sie sich entspannen können, fällt es ihnen schwer, überhaupt zu entspannen. Verständlich, natürlich, sinnvoll. Das Nervensystem muss wissen, dass es nicht schützen muss, um die schützenden Spannungen loslassen zu können.

Nur das Loslassen zu üben, wäre auch sehr einseitig. Eine Einseitigkeit, die oft als leere Floskel verwendet wird: «Lass es einfach rein! Spüre es!» Und dann? Was dann?

Während die Zwei immer nach Balance und Stabilität strebt, strebt die Drei nach einer neuen, höheren Ordnung. Sie setzt die evolutionäre Kraft frei. Es ist ein evolutionärer Tanz.

Es gibt Triaden, die zusammen eine Dynamik bilden, ohne in das klare Schema einer bejahenden Kraft, einer verneinenden Kraft und einer vermittelnden Kraft zu passen. Diese Dynamiken nenne ich *Triaden*, während ich die anderen *Trinitäten* oder *Dreiheiten* nenne. Solche Triaden werden oft wieder als eine Kraft in eine Trinität eingebettet.

(Meine Bitte ist, dass diese Unterscheidung nicht zu

Diskussionen führen soll. Es ist immer wichtig, dass Konzepte zur Praxis führen, nicht zu Diskussionen. Vor allem in der Drei, deren Schlüsselwort Dialog ist. Wenn diese Unterscheidung in der Praxis nicht wichtig ist, kann man sie vergessen.)

So eine Triade ist *anhaften, ablehnen, gleichgültig sein*. Das sind drei Optionen, die nicht in Frage kommen. Integration ist die Lösung, die eben genannten sind die Stolpersteine. Man behält sie in der Wahrnehmung, nicht um damit zu tanzen, sondern um sie differenzierend auszuschließen, und kommt so zu einer ganz anderen Lösung. Diese Triade kann als eine negierende Kraft in einer Trinität gesehen werden.

Die Drei ist auch der Grund, warum es äußerst wertvoll ist, zwei Wege der Kultivierung zu erkunden. Besonders wenn wir zwei Wege wählen, die weit auseinander sind, wie z.B. Yoga und der christliche Weg, die eine wahre Spannung aufbauen können, während dieses und jenes Qigong viel zu nah sind. Der größte Wert liegt nicht darin, die Gemeinsamkeiten oder Ähnlichkeiten zu finden, sondern die Unterschiede und Reibungen. Das ruft die vermittelnde Kraft hervor. So startet ein Dialog zwischen den zwei Wegen. Und das führt zu einer größeren integrativen Kraft in beiden Wegen und damit in dir.

Das ist die Chance unserer pluralistischen Kultur, in der uns so viele Möglichkeiten offen stehen. Es ist die Herausforderung unserer Zeit, die verschiedenen Kulturen zu fördern, statt sie alle auf einen gemeinsamen Nenner zu bringen. Dies ist die Kraft der Drei, die sich in einen fortwährenden, befruchtenden Dialog entfaltet.

Zwei Wege können zwei Formen der Bewegungspraxis sein. Aber der zweite Weg kann auch etwas ganz anderes sein: Ein Musikinstrument spielen. Schreiben. Das Studium der Psychologie. Was auch immer. Solange es ein Weg ist, also dich einbezieht.

Die Drei kann man in einer Solo-Praxis kultivieren, oder natürlich in einem Duett. Hierfür ist es wichtig, dass das Duo ein gemeinsames Interesse hat, und sei es einfach die gemeinsame Bewegungsentfaltung. Das Spiel bietet uns unzählige Möglichkeiten und Impulse, uns mit der Drei zu beschäftigen. Dennoch können wir uns auch in einigen einfachen, aber essentiellen Übungen der Drei widmen:

- Wenn du alleine übst, betrachte deine Motivation als das Ja, die Bewegungsherausforderung (die Fünf) als das Nein und deine Kultivierungskompetenz (die Sechs) als die versöhnende Kraft.

- Sei dir deiner Haltung, deiner Bewegung und des Raumes bewusst.

- Ein interessanter Weg ist die Arbeit mit Rätseln. Hier rufen wir die dritte Kraft hervor. Drei Beispiele, und in Englisch:
    - *Think sink*
    - *Go down to get high*
    - *Don't define but refine*

- Wenn du mit jemandem arbeitest (spielst, dich bewegst, redest, dich engagierst), halte dich selbst, deinen Partner und den Raum um dich herum in deinem Feld der Kultivierung.

- Wenn du unterrichtest, halte dich selbst, den Schüler und die Sache in deinem Feld der Kultivierung.

- Wenn du in eine Yogastunde gehst, aber eigentlich nur den Lehrer magst, dann hat sich dein Fokus verschoben. Der Lehrer ist der Vermittler zwischen dir und den Asanas. Die Asanas sollten nicht der Verkuppler zwischen dir und deinem Lehrer sein. Verschiebe deinen Fokus, oder frag ihn/sie nach einem Date.

Ja? Nein? Hm.

Die Eins

Vielleicht nur tief in den Nächten, nah am Morgen und in der Natur, sollten wir über die Eins sprechen. Albträume geschehen nicht in der Nacht, sondern wenn du versuchst, am Nachmittag an einem Tisch in einem Zimmer sitzend über die Eins zu sprechen. Und es ist sicherlich eine gute Sache, die Eins bei Nacht zu praktizieren, oder zumindest in der Abend- und Morgendämmerung. Sich ihr dann zu widmen. Sich zu erinnern. Sie immer zu leben; sie an der Schwelle von Tag und Nacht, von Bewusstem und Unbewusstem zu praktizieren.

Wenn oder falls wir versuchen, das Eine zu erfassen, wenn wir es ergreifen wollen, dann bricht es zusammen, nimmt alles mit in den Kaninchenbau und wird zu einem Monismus, wie auch immer er sich verkleidet. Religiös, wissenschaftlich, wirtschaftlich... Es wird zu einem Punkt, und wir werden es immer wieder auf den Punkt bringen in Dogmatismus, fruchtlosen Diskussionen, in sinnlosen Kriegen. Ein Punkt kann nichts enthalten. Rhythmus Eins wäre eigentlich eher ein dynamischer Raum, der alles enthält: alle Rhythmen. Jede Bewegung und jede Stille. Das Grobstoffliche und das Feinstoffliche und das Kausale. Alles. Du und ich. Tag und Nacht. Gegenwart, Vergangenheit und Zukunft. Zeitlosigkeit.

Wir können keinen der Rhythmen erzwingen, weil sie alle natürlich sind. Ich wiederhole: Weil sie natürlich sind, können wir sie nicht erzwingen. Aber wir können uns ihnen und uns selbst in den Weg stellen. Deshalb kultiviert die integrale Bewegung das Natürliche und ist zu großen Teilen eine Praxis des Loslassens, des Freisetzens und des Öffnens.

Dies ist die großartige Nachricht: Alles ist hier und jetzt, alle Rhythmen sind hier und jetzt. Die Rhythmen sind nicht voneinander getrennt, sie sind nicht von irgendetwas oder irgendjemandem (oder dir) getrennt. Selbst wenn einige von ihnen sich in Zeit und Raum entfalten, ist das einfach so, weil sie diese Bereiche berühren (oder sie sogar entfalten, was weiß ich), aber sie sind im Hier und Jetzt verwurzelt. Also brauchst du vielleicht nicht einmal dreißig Jahre, um nichts zu erreichen, so wie ich es tat. Versuche einfach nicht, es zu erzwingen.

Das ist bei Rhythmus Eins noch stärker der Fall. Es ist für uns noch weniger möglich, ihn zu ergreifen, aber er ergreift uns. Die Sechs und die Drei transzendieren bereits das Ego, das Greifen, die Anhaftung. In der Sechs sind das isolierte Selbst (selbst in eingebetteter Form) und das Ego noch Möglichkeiten. *Ich* zentriere. *Ich* beobachte. Integrale Bewegung hingegen fördert den Infinitionsprozess. Das Ich fällt weg und der Infinitiv bleibt: zentrieren, beobachten.

In der Drei kann das Ich als Kraft präsent sein, meist als zweite Kraft, als Widerstand. Aber auch hier wird es allmählich transzendiert, wenn aus der Drei immer wieder eine vierte, neue Qualität hervorgeht.

Bei der Eins geht es nicht darum, dass ich das Eine wahrnehme oder verkörpere. Denn es wäre in diesem Fall ganz logisch, dass dieses Ich von der Ganzheit getrennt wäre. Innerhalb des Einen nimmt die Ganzheit wahr. Das Netzwerk nimmt wahr.

Das muss in keiner Weise religiös oder esoterisch

sein. Zu schnell auf diesen Zug aufzuspringen würde bedeuten, dass wir immer noch von der Zwei aus denken, wo die gängige Lösung zur Überwindung der Dualität Meditation, Religion und Esoterik ist. Die Form der Meditation, die von der Zwei gefördert wird, beschäftigt sich mit Bewusstseinszuständen. Rhythmus Eins ruft natürlich bestimmte Zustände hervor, aber der Effekt ist ein anderer: die Verwirklichung des Ungetrennten, die Verkörperung des Ungetrennten durch verkörperten Dialog. Das ist Enaktion. Enaktion bedeutet Bewegung, Dynamik, Ko-Kreation. Es gibt keine lineare Kausalität in diesem Prozess. Es geht nicht darum, zuerst etwas zu verkörpern, eine Idee, und dann diesen Zustand in die Tat umzusetzen. Enaktion ist Antwort und Frage zugleich, ist Empfangen und Schaffen zugleich. Sein und Werden zur gleichen Zeit. Die Eins ist Holomovement.

Natürlich beinhaltet das Eine nicht nur Bewegung, sondern auch Stille, d.h. einen ruhigeren körperlichen und/oder geistigen Zustand. Der Kurzschluss wäre, eine Form der stillen Meditation mit dem Einen gleichzusetzen.

Es ist ganz einfach: Es gibt keine wissenschaftlichen Beweise für Trennung. Fast jeder Wissenschaftler, egal aus welchem Bereich, wird dir sagen, dass die Dinge miteinander verwoben sind. Einige werden sagen, dass nichts als isolierte Einheit beobachtet werden kann, oder dass nichts isoliert existiert. Oder dass der bloße Akt des Betrachtens es definiert, gestaltet oder verändert, vor allem, wenn wir mit diesem Filter in Dialog mit dem Betrachteten treten. Vielleicht würden die Wissenschaftler nicht sagen, dass alles eins ist, denn das wäre dann wohl der erwähnte Monismus, der nicht bestätigt werden muss. Aber frag jeden Wissenschaftler, den du willst: Die Vernetzung ist eine Tatsache.

Wir können auch nicht wirklich über das Eine sprechen, denn wir brauchen Begriffe, und Begriffe engen immer ein, sie sind Definitionen. Nochmals, wenn ich sage, wir können nicht darüber reden, dann geht es nicht um Geheimnisse oder um Mystik als unvereinbaren Gegensatz zur Wissenschaft. Natürlich können wir darüber reden. Aber es geschieht immer in einem Kontext, und Begriffe haben Bündel von Bedeutungen und Implikationen. Einssein, Einheit und Non-Dualität zum Beispiel sind nicht dasselbe, sie haben unterschiedliche Hintergründe, unterschiedliche Konnotationen, unterschiedliche Geschmäcker. Sie kommen aus verschiedenen Traditionen und Praktiken.

Nachdem nun auch das sprachliche Problem angesprochen wurde, können wir uns zunächst etwas existenzielleren Dingen zuwenden und dann schließlich der Praxis.

Viele der großen spirituellen Systeme sprechen von Entfremdung. Die Menschheit hat das Paradies verloren, die Ganzheit ist im Prozess der Manifestation auseinandergefallen, es gibt viele große Geschichten darüber. Diese Geschichten entstanden, als der Mensch begann, eine ursprüngliche (und damit sicherlich naive, undifferenzierte) Erfahrung des Eins-Seins mit der Natur zu verlieren, zu differenzieren und zu integrieren. Wir begannen, die Realität in zwei Entitäten aufzuteilen: Himmel und Erde, Mensch und Götter (später

Mensch und Gott), Körper und Verstand, Yin und Yang, Diesseits und Jenseits, Spiritualität und Weltlichkeit, Religion und Wissenschaft und so weiter. Die Entfremdung ist nur auf dem Hintergrund dieser Unterscheidung möglich, die zu einer Spaltung wurde. Die Entfremdung ist der Ausdruck dieser Spaltung. Das Gefühl der Entfremdung, das so viele empfinden, ist die Folge dieses Weltbildes. Das dualistische Weltbild ist tief in uns verwurzelt, und damit die Illusion der Entfremdung.

Ein wesentlicher Teil unserer Auseinandersetzung mit der integralen Bewegung ist es, diese Trennung aufzudecken, indem wir das Ungeteilte erfahren. Nun, es ist eher so, dass das Ungeteilte uns erfährt. Nun, auch das greift zu kurz. Es geht so: Nicht WIR nehmen die Ganzheit wahr. Die Ganzheit nimmt wahr. Basta.

Das klingt sehr esoterisch. In den Wolken. Ist es aber nicht. Heutzutage ist alles in der Cloud. Dies hier ist es nicht. Es ist im Körper. Es ist der Körper.

Wir beginnen auf die elementarste Weise, mit der Bewegung des Körpers. Wir bewegen einen Teil des Körpers und erfahren, dass es weiterführende, fluide, geschmeidige Bewegungen gibt, dass sich kein Teil isoliert bewegen kann. Wir entfalten die Bewegung. Wir befreien sie und mit ihr uns. Das sind grundlegende Erfahrungen. Wir kultivieren Bewegung durch beobachten und empfinden, durch differenzieren, und wir erleben Integration. Wir erleben, dass differenziertere Wahrnehmung zu differenzierterer Bewegung führt, und dass differenziertere Bewegung zu differenzierterer Wahrnehmung führt. Es ist ein Ungeteiltes. Ein differenzierbares Ungeteiltes. Wir erleben, dass Wahrnehmung und Körper nicht getrennt sind. Wir verfeinern, subtilisieren und erfahren, dass dies nicht nur für die sinnliche Wahrnehmung gilt, sondern auch für die Bewegungen des Verstandes, die wir mit den Wahrnehmungsorganen des verfeinerten Nervensystems wahrnehmen. Wir erfahren, dass ungetrennte Bewegung zu einem Bewusstsein des Zentriert-Seins, der Ruhe, der Natürlichkeit, des Fließens, des Flow-Zustandes, des Eingebettet-Seins führt. Wir erleben verschiedene Zustände und lernen, dass Körper, Energie, Wahrnehmung und und und nicht getrennt sind. So gehen wir unserem trennenden Verstand auf den Grund und überschreiben seine Mechanismen mit neuen Erfahrungen von Ganzheit. Wir erziehen unser Nervensystem um, so wie unser Nervensystem uns umerzieht. Und so ersetzen wir allmählich die in uns wirkenden Mythen der Entfremdung durch etwas, das wir vielleicht nicht benennen können, das wir aber von Zeit zu Zeit durch persönliche Erzählungen unserer Erfahrungen zu benennen oder zu gestalten versuchen, oder das wir ganz selbstverständlich in unserer Bewegung ausdrücken. Auf diese Weise entstehen neue Mythen, neue Geschichten, neue Kunstwerke, neue Inspirationen, welche die untrennbare Natur, die Wirklichkeit, die sich verwirklicht, hier und jetzt, vollständig und immer in ihrer Gesamtheit ankündigen. Diese Mythen und Erzählungen schwingen in anderen mit und wecken die Sehnsucht nach dem, was ist und was man verloren zu haben glaubt.

Aber es ist hier, es ist nicht verloren. Und die Sehnsucht ist bereits die Ganzheit, die antwortet.

Ich hoffe, dies hat etwas in dir geweckt, anstatt dich einschlafen zu lassen.

Viele Traditionen nennen den Zustand, wenn Körper, Herz und Verstand keinen kohärenten Prozess bilden den Schlafzustand. Die Bildung des kohärenten Prozesses ist das, was sie Erwachen nennen.

Es ist für mich immer der ruhige Höhepunkt, wenn wir gegen Ende der Woche eines Bewegungsabenteuers auf Korsika in der Dunkelheit, in der Tiefe und Fülle dieser Natur unter den Pinien am Meer Rücken an Rücken im Kreis sitzen. Und meditieren. Für diejenigen, die dann Wunder erwarten, ist es die große Enttäuschung. Wunder scheint es schon gegeben zu haben, bei unseren Movement Adventures, aber nur die unerwarteten. Die anderen gibt es nicht.

Erwarte das Unerwartete, aber lass alle deine Erwartungen los. Lass los, lass dich ein, steig ein.

Die Rhythmen rufen Zustände hervor. Zustandstrainings werden in den Traditionen Meditation genannt. Wir können diese von jeglichem traditionellen und metaphysischen Ballast befreien und mit westlicher Wissenschaft unterstützen, wenn wir wollen, oder wir können uns von ihr unterstützen lassen. Im Kontext der Integralen Bewegung nennen wir das Umi. Umi ist eine der vier inneren Bewegungen (BdB 280-82).

Ok, los geht's. Zur Einheit und darüber hinaus. Oder wie auch immer du es nennen willst.

Aber versuch nicht, es festzuhalten.

Hier ist die Umi-Anleitung. Stehe. Setz dich hin und vergegenwärtige dir «Ich setze mich in Beziehung». Sitze in Beziehung, sitze im Bezogen-Sein. Fokussiere nicht, zähle keinen Atem, der Satz ist kein Mantra. Solche Sachen sind Selbstbeschäftigungen, die dich aus dem Bezogensein nehmen. In Beziehung zu was? Nein. Sitze einfach in oder als Beziehung. Wenn du dich ertappst, dass du dich auf dich konzentrierst oder abschweifst, sprich innerlich leise ein Wort – egal was für ein Wort, dein Wort – und kehr zurück ins Bezogensein. In das, was du bist.

Voilà.

Natürlich geht Umi auch in Bewegung. Wenn du dich nicht mehr auf die Ausführung der Bewegung konzentrieren musst.

Die Anhänge

Anhang 1 | Integration und Verzahnung

Wie bereits erwähnt, führt das Vorkommen des Verbs «integrieren» in beiden Rhythmen zu dem etwas optimistischen Eindruck, dass jeder Prozess, der die Fünf und die Sechs einbezieht, unweigerlich zu einer Integration führt. Ein Eindruck, der in der Tat durch jede verkörperte Praxis, welche die beiden einbezieht, bestätigt wird. Aber ich mache keine Versprechungen. Überzeuge dich selbst.

Meine Wortwahl «optimistischer Eindruck» beruht darauf, dass «Integration» einen etwas romantischen Beigeschmack haben kann, der zu großen Missverständnissen führt. Um es auf den Punkt zu bringen: Integration ist kein Zustand von Frieden und Harmonie, sondern die ständige verkörperte Entfaltung von höherer Bedeutung und Komplexität und tieferem Bezogensein.

Und auch tieferes Miteinander bedeutet nicht Frieden und Harmonie. Tieferes Miteinander lässt dynamischere und erschütterndere Prozesse zur Entfaltung kommen. Wir sehen das nirgendwo deutlicher als in einer Open Hands Interaktion, wo die beiden Partner in tiefer und ebenso dynamischer Zweisamkeit (oder wie wir jetzt wissen: Dreisamkeit) verwurzelt sind. Wir sehen es im Leben in tiefen Beziehungen, wo man zusammen durch dick und dünn geht und immer noch mehr zusammenwächst.

Die Fünf und die Sechs sind nicht einfach kompatibel, mehr noch, sie stehen in einer immer während\-en Spannung, die jeden von ihnen und jedes Verb in ih-

nen stärkt, indem sie ständig Wachstumsimpulse auf
die versöhnende Kraft, den verkörperten und handeln-
den, sich bewegenden Menschen, auswirft. Dies ist
die höchste Form der Arbeit mit den Rhythmen (und
eine komplexere Form der Arbeit mit einfacheren, sich
selbst wiederholenden Zyklen): sie ihr Ding machen
zu lassen und die brutale, massive evolutionäre Kraft,
die sie erzeugen, zu empfangen und zu integrieren. Ja,
wenn du jemals Evolution als sanftes Mäandern und
natürliches Wachstum als Muße-Aktivität betrachtet
hast, wirst du eingeladen sein, dies zu überdenken,
sobald du diese evolutionäre Spannung und ihren An-
trieb zu höherer und tieferer Integration erlebst.

Wenn du dich also das nächste Mal in einem Yo-
ga-Retreat wiederfindest «und es läuft nicht so gut»
weil nicht alles Friede und Harmonie ist, läuft es vielleicht sehr gut.

Wenn du dich das nächste Mal dabei ertappst, etwas
zu erzwingen, kannst du dich vielleicht aus einer le-
bendigen Erfahrung heraus daran erinnern, dass das,
was du erzwingst, nichts als ein Tropfen in der bruta-
len integrierenden Kraft des Ozeans der Bewegung ist.
Verglichen mit dieser Kraft ist dein Zwang nichts als ein
unbeachteter Witz.

Das nächste Mal, wenn du dich in einem Streit wiederfindest, kannst du dich fragen: «Was will diese Kraft,
die sich durchsetzen will? Wie stehe ich ihr im Weg,
und was muss ich tun oder sein oder sein lassen, um
sie zu entfesseln?»

Warum sollten die Fünf und die Sechs nicht kompatibel sein, könnte man fragen, zumal die beiden aus Verben bestehen und eines der Verben sogar gemeinsam haben.

Nun, sie sind nicht aus Verben zusammengesetzt, sondern sind jeweils eine Dynamik. Wir können nicht auf einzelne Teile schauen und daraus auf das Ganze schließen, da es keine einzelnen Teile gibt. Wenn wir von Verben sprechen, sind sie keine Bausteine, sondern Tendenzen innerhalb des Ganzen. Deshalb gibt es auch die Familien der Verben. Verben sind nicht fest und sie sind nicht isoliert. Es gibt Dynamiken, Beziehungen, es gibt Vernetzungen und eine Komplexität. Eine Handlung ist immer eine Interaktion und daher komplexer als, sagen wir, ein Stein.

Erinnere dich, die Fünf entfaltet sich in Stufen, während die Sechs Zustände hervorruft. Die Fünf ist zwangsläufig linear, während die Sechs ein ganzheitliches Netz von Beziehungen bildet. Du kannst einen Pfeil und eine Wolke nicht vereinen. Das ist ganz einfach. Aber anders als der Pfeil und die Wolke können die Fünf und die Sechs eine gemeinsame Dynamik entfalten. Sie tun dies auf eine unendlich vielfältige Weise. Eine ganz einfache Weise, ein methodisches Werkzeug, ist das, was ich die «kleine Verzahnung» nenne. Ich habe sie bereits im Kapitel über Rhythmus Zwei erwähnt, aber ich hoffe, dass wir jetzt ein umfassenderes Verständnis bekommen.

- zentrieren durch beobachten (und beobachten durch zentrieren)
- öffnen durch empfinden (und empfinden durch öffnen)

- weiten durch differenzieren (und differenzieren durch weiten)
- verbinden durch subtilisieren (und subtilisieren durch verbinden)
- integrieren durch verwesentlichen (und verwesentlichen durch integrieren)

Probiere es einfach aus, tue es, sei es, tauche ein in diese Beziehungen. (Mehr dazu: RzU 123-99)

Eins, Zwei, Drei, Fünf, Sechs... Was ist mit der Vier, könnte der Verstand fragen. Und: Gibt es noch mehr? Erinnern wir uns: Rhythmen sind nicht per se, sie sind Ko-Kreation.

Bei den Rhythmen geht es nicht um Zahlen, oder Numerologie, oder Kosmologie. Es geht um Dynamik. Rhythmen sind Bewegung und sie bewegen uns. Es geht nicht darum, eine Idee durch heilige Geometrie zu rechtfertigen. Die Rhythmen sind keine Ideen, keine Konzepte und keine Metaphysik. Sie sind das genaue Gegenteil von platonischen Körpern. Die Rhythmen haben das Potential, uns aus diesem platonischen Weltbild, das die Welt seit 2500 Jahren beherrscht, herauszutragen. Zumindest die Teile der Welt, die von der westlichen Welt beeinflusst werden. Also fast die Welt.

Die Rhythmen haben sich über Jahrzehnte des Praktizierens, Impulsierens und Bewährens herausgebildet. Die Vier und die Sieben sind nicht als Rhythmen entstanden, aber sie haben sich herausgebildet. Nicht als Systeme, nicht als Theorien, nicht einmal als Hypothesen, sondern lediglich als lockere Assoziationen.

Die Vier hat ihren Platz. Ich assoziiere die Vier mit der Natur in ihrer Gesamtheit. Vier Himmelsrichtungen, vier Elemente, die auch die vier Säulen der westlichen Wissenschaft sind, und ihre Oktaven wie Licht, Klang, Düfte usw. und sogar niedrigere oder höhere Oktaven wie Fülle und Tiefe, die flüchtige Zustände sind, wie alles in der Natur. Mit der Erwähnung der Oktaven hätten wir auch die Acht integriert. Wir könnten ebenso argumentieren, dass die Acht in der Synthese der Zwei und der Drei verankert ist, weil daraus acht Trigramme entstehen, aber das ist eine andere Geschichte für ein andcres Mal (RzU 357-78).

Die Vier steht also in gewissem Sinne für die Natur, und was ist die Natur überhaupt? Raum. Nicht nur leerer Raum (wie der Verstand ihn sich vorstellen mag), sondern Lebensraum (wie die Natur ihn malt). Pure Verbundenheit. Raum ist Dialog. Raum, in dem wir uns bewegen, und Raum, der uns bewegt. Raum und Bewegung sind eng miteinander verwoben. Schau dir die frühe Malerei an, wie die byzantinische Ikonenmalerei. Alles ist flach und starr (das ist keine Wertung der Malerei als solche). Kaum kam die Perspektive und damit der Raum in der Malerei auf, zum Beispiel bei Giotto, kam auch die Bewegung dazu. Der Raum ist lebendig, atmend, ist in Bewegung, und so die Figuren in ihm. (Wunderbar zu sehen in der Basilika San Francesco in Assisi.)

In der integralen Bewegung differenzieren wir diesen Raum in vier Quadranten. Diese Unterscheidung war eine der ersten Errungenschaften des Philosophen Ken Wilber. Es gibt einen individuell-inneren Raum, einen individuell-äußeren Raum, einen kollektiv-äußeren Raum und einen gemeinschaftlich-inneren Raum. Oder anders gesagt, es gibt einen individuellen und einen kollektiven Bereich, und zu jedem gibt es einen inneren und einen äußeren Bereich. Zusammengenommen erhalten wir vier Quadranten. Mit und in diesen Spielen wir in den MOVEMENT ADVENTURES. Mehr dazu im letzten Anhang.

Und die Sieben? Existiert sie in diesem System? Und ist sie vielleicht auch eine spezifische Ausformung des Raumes?

Vielleicht. Vielleicht eine, die eng mit dem menschlichen Wesen verbunden ist. Wir können die Sieben mit den sieben Zentren der verkörperten Wahrnehmung und Erkenntnis in Verbindung bringen. Die vedischen Traditionen nennen sie z.B. Chakras. Aber sie sind nicht fremd oder esoterisch, es sind Zentren in unserem Nervensystem mit entsprechenden Hormondrüsen. Sie sind auch sieben Dimensionen, oder Welten, oder Realitätsebenen, oder Qualitäten, in denen wir uns bewegen. Wir bewegen uns in ihnen auf zwei Arten. Hin und her geworfen, wenn wir unseren Stimmungen und Emotionen ausgeliefert sind. Oder navigierend, wenn wir diese Gewässer kennen und wissen, wie wir sie befahren können oder ihre Strömungen umfassen (containen) können. Diese Gewässer zu kennen bedeutet, uns selbst sehr gut zu kennen. Zu kennen bedeutet hier zu *erkennen*, zu verkörpern, zu integrieren.

Die integrale Arbeit mit diesen Zentren der Wahrnehmung führt uns in einen unglaublich differenzierten Erfahrungsraum. Die Sieben ist auch ein Raum mit viel mehr als sieben Räumen oder Aspekten (ID 581-83). Es ist ein völlig anderer Raum als die Vier. Es ist ein Raum wie ein Gebäude, mit sieben Stockwerken, jedes mit sieben Räumen. Es klingt wie ein Märchen: Wir können diese sieben mal sieben Räume entdecken und erleben, und in jedem der Räume ist ein Geschenk, ein Potential. Diese Entdeckung ist ein Abenteuer. Von manchen Räumen haben wir keine Ahnung, wo sie sein sollen. Andere sind vergraben oder bewacht. Von Geheimnissen oder von Monstern.

Und es klingt wie ein Albtraum: Viele Menschen leben auf nur einer Etage und haben nur Zugang zu zwei oder drei Räumen auf dieser Etage.

Sie sind gefangen, ohne es zu wissen. Aber manchmal hören sie ein Geräusch von irgendwoher, das sie nicht kennen, und sie vermuten, dass es noch andere Stockwerke oder Räume geben könnte oder müsste, ohne es so sagen zu können. Denn in ihrer Vorstellung leben sie nicht in einem mehrstöckigen Gebäude. Sie denken, sie leben in einer Drei-Zimmer-Wohnung in einem einstöckigen Haus und haben keine Ahnung, dass ihre Wohnung sieben Zimmer hat. Die Geräusche können beängstigend sein, oder sie rufen den Eingeschlossenen so dringend, dass er oder sie anfängt, sich zu bewegen. Zuerst in andere Räume auf seiner Etage, bis er/sie eine Treppe entdeckt, die vorher verborgen war... Hier beginnt unsere ganz persönliche mythologische Heldenreise.

Gibt dir das eine kleine Vorstellung von dem Potential der Sieben als Raum?

Das ist ein riesiger und spannender Bereich. Ein paarmal in meiner Karriere ritt mich der Teufel und ich habe diese Räumlichkeiten mit KursteilnehmerInnen erforscht.

Also, die Sieben und die Vier sind in der Integralen Bewegung vertreten, als Räume, in denen, mit denen und durch die sich die Rhythmen entfalten können. Und deshalb bewegen wir uns im Kontext der Integralen Bewegung vorzugsweise in der Natur und auf Wegen, die das Erforschen der Subtilität fördern.

Und ja, falls du dich gefragt hast oder eines Tages fragen wirst, ist Rhythmus Eins wirklich ein Rhythmus oder ist es ein Raum? Denn natürlich bietet er eine einzigartige räumliche Qualität. Nun, wie könnte das Eine entweder oder sein? Dies oder das? Es ist beides, was sonst. Und es transzendiert beides, zumindest in unserem Verstand. «Zumindest in unserem Verstand», denn nur dort sind Raum und Rhythmus und Dynamik zwei oder drei.

Die Zehn ist übrigens auch vertreten, mit den zehn Verben, welche die integrale Dynamik ausmachen: zentrieren, öffnen, weiten, verbinden, integrieren, differenzieren, beobachten, empfinden, subtilisieren und verwesentlichen. Es sind keine zehn Gebote, sondern Impulse, Möglichkeiten, Angebote, Vorschläge. Einladungen.

Und die Neun? Wo ist die Neun?
Vielleicht gibt es die Neun als Rhythmus, vielleicht auch nicht. Auf jeden Fall hat sie sich noch nicht gezeigt. Natürlich existiert sie in vielen verschiedenen Formen, zum Beispiel als Typologie wie das Enneagramm, das, richtig verstanden, wahrscheinlich tatsächlich ein Rhythmus ist. Es gibt viele Möglichkeiten, wie wir den Platz der Neun von außen füllen könnten. Aber der Punkt ist, dass sie sich nicht als ein Rhythmus oder Raum in der Bewegung selbst offenbart hat. Sie hat diese Leerstelle nicht gefüllt, weil sie vielleicht nur eine Leerstelle in unserem kategorisierenden Verstand ist. Vielleicht ist die fehlende Neun eine Einladung, ganz

andere Dinge zu erforschen und sie mit den Rhythmen
zu verbinden, wie das Enneagramm, oder auch andere
Dinge, die nicht mit einer Neun assoziiert werden.

Oder vielleicht ist die Neun, besonders wenn wir sie
mit einer Typologie assoziieren, du, ist sie ich. Denn
was sind die Rhythmen ohne dich? Vielleicht ist der
Platzhalter für dich.

Ich sehe die Neun auf diese beiden Arten. Als eine
Einladung, sich zu öffnen und sich zu verbinden. Und
als dich selbst. Aber das geschieht nicht aus einer prä-
zisen Analyse oder einem empirischen Verständnis heraus, sondern rein assoziativ.

Da die Rhythmen weder Kosmologie noch heilige
Geometrie sind, müssen wir uns nicht um eine allfäl-
lig abwesende Zahl kümmern. Vielleicht ist die Neun
reine Abwesenheit, ein integraler Teil des Ganzen. Wer
weiß, vielleicht wird die Neun eines Tages als Rhythmus auftauchen. Die Rhythmen haben sich nach und
nach offenbart, sie haben sich organisch entfaltet. Wir
werden sehen. Wir werden offen bleiben. Immer.

Lass uns keine Dogmen aus Rhythmen machen, sie
sind alle wandlungsfähig, fließend. Sie sind Musik, der
resonierende Mensch in ihrem oder seinem einzigarti-
gen Ausdruck.
Sie sind vollständig, weil sie fortwährend werden.

Rhythmen, und die erwähnten Räume, haben keine andere Rechtfertigung als ihre Wirkung, wenn sie
überhaupt eine brauchen. Sie sind da, sie funktionie-
ren. Sie entstehen mit denjenigen, die bereit sind, sie
dialogisch zu sehen, zu fühlen, aufzunehmen und zu

verwirklichen, und sich dabei einzulassen. Und das ist genug.

Es ist komplex, aber nicht kompliziert. Lass es uns nicht kompliziert machen. Du bist die wesentliche Zutat, nichts anderes. Man kann nichts wegnehmen, ohne etwas zu verlieren, und man muss auch nichts anderes hinzufügen als sich selbst.

Anhang 3 | Drei Dreiheiten in deiner Praxis. Und mehr.

Auf einem Weg sind drei Dynamiken am Werk: *Vertiefen, ergänzen und reisen.*

Vertiefe, was du bereits tust, vertiefe deine aktuelle Praxis.

Ergänze oder vervollständige deine Praxis, wenn nötig.

Und dann genieße die Reise. Das Abenteuer. Das Erforschen. Das unendliche Spiel, das Infinity Game.

Erzwinge nichts, sei geduldig. Phase drei verwandelt die vorherigen Phasen in eine unendliche, spiralförmige Reise. Keine Phase ist jemals abgeschlossen. Arbeite mit jeder Phase und mit jedem Rhythmus, bis eine gewisse körperliche Sättigung – im Gegensatz zur Ungeduld – zu spüren ist. Dann fahre fort. Bis du zurückkehrst.

Durch die Rhythmen kann die Routine, die du durch eine beständige Bewegungspraxis etabliert hast, zu einem Ritual im positivsten Sinne werden. Rituale sind unverzichtbar, weil sie etwas ansprechen, was nur auf diese Weise angesprochen werden kann. Und auch wenn der moderne Mensch glaubt, dass Rituale nur etwas für die Alte Welt sind, braucht er sie trotzdem. Denn es geht nicht um Neu und Alt, sondern um die Fülle, Tiefe und die Grenzbereiche des Jetzt.

Der Pfad der Meisterschaft hat drei zusätzliche Elemente. Wieder drei. Bei dieser Dreiheit geht es darum, *den Körper, das Herz und den Verstand* in einen kohärenten Prozess zu integrieren.

Der Verstand ist der Intellekt. Nutze ihn! Wir hören auf diesem Weg nicht auf zu denken. Im Gegenteil: Integrale Bewegung differenziert aufs Höchste!

Der Körper – nun, ist der Körper, mit all seinen besprochenen Fähigkeiten der Kognition. Der Körper ist Instrument und Ausdruck (Musik) der Kognition, des Wahrnehmens, des Erkennens, des Dialogs und des Handelns. Auf unserem Weg lernen wir zuerst, den Körper wahrzunehmen. Dann lernen wir, mit dem Körper wahrzunehmen.

Alle Weisheitstraditionen verorten das wesentliche Wissen im Herzen. Jenseits von Herzschmerz und Romantik, wie wir sie uns vielleicht vorstellen, ist das Herz der Kompass.

Es gibt eine dritte Dreiheit – Überraschung! Auch sie wird durch viele alte und neue Erkenntnisse gestützt: *Das Selbststudium* (oder Selbstverwirklichung), *das Studium der Lehre* und *die Gemeinschaft der StudentInnen.*

1) Die Selbstverwirklichung ist die Verkörperung.

2) Das Studium der Lehre ist, die innere Struktur kennenzulernen und deinen Verstand gründlich einzubeziehen. Lerne kennen, was andere über den Weg sagen. Das hilft zu differenzieren und zu integrieren. Es hilft bei der Unterscheidungskraft, ein sehr wichtiger Aspekt. Es hilft, das Nützliche zu erkennen und das, was du loslassen kannst. Es hilft, das Universelle und das Einzigartige zu erkennen.

3) Niemand reist alleine. Niemand entwickelt sich isoliert. Niemand entwickelt nur sich. Das Ganze entwickelt sich und auch diesen Niemand. Gemeinschaft, Spiel und Möglichkeiten zum Austausch sind existentiell.

Die Rhythmen sind ein absolut offener Prozess. Du wirst mehr du selbst, ohne das Ich, Ich, Ich. Das ist garantiert.

Und noch ein paar Dreiklänge: Eine Dreiheit in der Partnerpraxis ist, *sich selbst wahrzunehmen, das Gegenüber wahrzunehmen und das Ganze (oder den Raum, der euch beide umgibt) wahrzunehmen*, alles zur gleichen Zeit.

Eine wichtige Dreiheit ist *versuchen – tun – sein.*
«Wie sollen wir mit den Verben arbeiten?», kommt die Frage auf. Und die Antwort kommt mit diesen drei weiteren Verben. Es ist so. Jedes Verb führt zu einem anderen Verb... Also, zum Beispiel:
Versuche dich zu zentrieren – zentriere dich – sei zentriert. Mach das zu deinem Tanz. Do be do be do be try to be... Du brauchst keinen Lebensplan und keinen Jahresplan. Mach einfach den nächsten Schritt.

Noch eine weitere Dreiheit in einer eher linearen Art und Weise ist *imitieren – integrieren – innovieren.*
Natürlich erfordert dies etwas, das nachgeahmt werden kann, im Allgemeinen eine Bewegung. Ich bin sicher, du wirst eine finden. Wenn nicht, kann RIVERS (siehe nächster Anhang) helfen. Wenn du bei der Nachahmung bleibst, sind die Bewegungen eine reine

Kopie. Der Sinn der Bewegung erschließt sich durch den Kultivierungsprozess, der zur Integration führt. Aus der Integration entsteht die Kreativität von selbst.

Wirklich?

Versuch. Tu. Sei.

Wenn du noch keine solide Bewegungspraxis hast, oder wenn du das Gefühl hast, dass deiner derzeitigen Bewegungspraxis ein integraler Ansatz fehlt, oder du einfach bestimmte Bewegungsqualitäten in deiner Praxis vermisst, dann ist RIVERS ein Vorschlag.

RIVERS ist drei Dinge:
1. die konkrete Anwendung der Methodik Integrale Bewegung
2. ein sorgfältig ausgearbeitetes Set von Bewegungen
3. ein Set von vier Quadranten, in denen die Bewegung stattfindet

Die konkrete Anwendung macht die Methodik Integrale Bewegung zu einer Methode. Sie kann ohne weitere Anpassung sofort praktiziert werden. Dennoch ist die Methode an sich nicht starr. Sie ist fließend und passt sich jederzeit an die Menschen – an dich – und den Kontext an. Daher auch der Name RIVERS.

Das Set von Bewegungen ist sorgfältig zusammengestellt und wird RIVERS BASES genannt. Die BASES basieren auf fundamentalen Bewegungen (wie sich auf dem Boden bewegen, sitzen, hocken, stehen, gehen, rennen, werfen, schieben und ziehen, um nur einige zu nennen). Es ist jedoch wichtig, diese Spitze des Eisbergs nicht mit dem Ganzen zu verwechseln. Die RIVERS-Bewegungen sind sorgfältig ausgewählt, aber dennoch sind sie nur das Gefäß.

Die Bewegungen sind (der einzige austauschbare) Teil eines Ganzen mit vier Quadranten: Diese sind

individuell innen **RIVERS RIDDLES** Bewegungspuzzles für Neuroplastizität und phänotypische Plastizität (die Fähigkeit des Gehirns und des Körpers, geformt zu werden)	*individuell außen* **RIVERS BASES** Strukturell sinnvolle Bewegungen, welche ideales Gefäß für Differenzierug und Subtilisierung sind
gemeinschaftlich innen **RHYTHMEN** Gestaltende dialogische Dynamiken. Sie sind das Herzstück des Ganzen.	*kollektiv außen* **PLAY** Lernfelder, Bewegungsräume, Spielmöglichkeiten und vor allem Gleichgesinnte zur Förderung von strukturierter Spontaneität und Vielfalt in der Bewegung

Ein Online-Programm für die RIVERS BASES findest du auf integralmovement.ch

Die RIDDLES und PLAY werden in den MOVEMENT ADVENTURES angewendet.

Was uns zum letzten Kapitel führt.

Anhang 5 | Lehre ich die Rhythmen? Oder: Wo kann man sie lernen?

Die Rhythmen müssen nicht gelehrt werden. Sie müssen kultiviert werden. Initiiert. Erweckt, vielleicht.

Es ist wie bei einer Pflanze. Damit sie wachsen kann, braucht sie Erde und Wasser. Das ist alles, was sie wissen muss. Sie «weiß» nichts *über* die Prozesse der Photosynthese, und sie muss es auch nicht wissen.

Wir können über die Rhythmen reden, bis die Kühe nach Hause kommen, aber das wird dir nicht helfen, sie zu verstehen (die Rhythmen, nicht die Kühe). Erklärungen führen zu nichts als Intellektualisierung und einem hohlen Scheinverständnis. Der Weg ist, Erfahrungen zu machen und sie zu integrieren. Sie zu verwirklichen und zu verkörpern. Dieser Prozess entfaltet sich tendenziell nach der Köbi-Dynamik. Wir beginnen mit dem Ankommen. Atmen. Stille. Wir sinken. Empfinden. Wir beobachten. Wir öffnen. Öffnen ist alles. Alles folgt. Wenn wir nichts erzwingen, nichts erdenken, nichts ersinnen. Durch die Sinne zeigt sich Sinn.

Die Integration schafft Klärung, nicht die Erklärung. Und so ist denn ein Bild für Integration dasjenige von sanft fließendem Wasser, in welchem sich Verunreinigungen setzen können. In der Phase der Integration ist es vielleicht angebracht, zu einem Erlebten verschiedene Optionen zu geben, wie es sich klären könnte. Das ist jedoch ein Dialog und etwas ganz Anderes, als etwas zu erklären. Geschweige denn etwas zu erklären, bevor die Erfahrung gemacht wurde.

Komplexe und subtile Bewegungen können nicht vermittelt werden. Sie entstehen. Und da ich nicht einmal sagen kann, sie entstünden aus dem Bewusstsein, und dieses Bewusstsein könne man zumindest schärfen, kann ich auch nicht sagen: «aber man kann den Bewusstseinsraum erschaffen, damit die komplexen und subtilen Bewegungen entstehen». Denn diese entstehen aus der Ganzheit Mensch, und davon ist und bleibt der größte Teil unbewusst. (Die Rhythmen laufen also nicht unter dem Label Achtsamkeit oder Mindfulness, weil sie weit über Mindfulness hinausgehen. Mindfulness ist eine Worthülse für Rhythmus Sechs – und der macht nur einen «Teil», quasi einen Fünftel, eines differenzierbaren, aber unteilbaren Ganzen aus. Ein Affront für diejenigen, die überzeugt sind, Mindfulness sei alles, ich weiß.) Die Rhythmen und die Bewegungen, in welche sie sich entfalten, sind, wenn sie sich das erste Mal zeigen, immer eine Überraschung. Sie entstehen durch intelligente Praxis. Und was Praxis und intelligente Praxis ist, dazu kann ich Impulse in Form von Antworten geben, wenn entsprechende Fragen kommen. Denn eine intelligente Praxis ist ein komplexes Kompetenzenbündel, von dem wir hier bereits vielem begegnet sind. Das heißt aber nicht, dass es kompliziert ist.

Es ist immer leicht, das Einfache kompliziert zu machen. Wir brauchen nicht einmal eine Sekunde dafür. Sobald wir es kategorisieren, sobald wir davon ausgehen, dass es «etwas» ist, etwas Getrenntes, da draußen, das man reinholen kann, wird es kompliziert. Differenzieren müssen wir trotzdem, sonst haben wir eine esoterische Wischiwaschi-Einheitssuppe. Darum gibt es den Dialog (bei dem man sich nichts aufschreibt, sonst kategorisiert man schon wieder; sondern man lässt sich mit dem ganzen Sein, auch dem Körper-Sein, darauf ein). Dieser differenziert, ohne kompliziert zu sein.

Obwohl die Rhythmen komplex sind, sind sie nicht kompliziert. Sie werden mit der ganzen Person verstanden, nicht nur mit dem Intellekt. Die ganze Person ist verkörpernd und handelnd. Das ist der Weg. Die Rhythmen sind *ein* Weg, *ein* Fluss, *eine* Entfaltung, *ein* Verb, *eine* Familie von Verben, *eine* nicht-getrennte Gesamtbewegung. Wir können dies nicht verstehen oder realisieren mit einem Akt der Trennung.

Zu lehren ist ein Akt der Trennung. Es gibt in diesem Szenario einen Lehrer und es gibt Schüler, und es gibt «etwas», das weitergegeben werden soll. Die Rhythmen sind in dir, um dich, mit dir, durch dich, sie gestalten dich. Sie müssen nicht weitergegeben werden.

Zu lehren ist ein Schlag ins Gesicht der unermesslichen Kräfte, die in uns sind und die sich dialogisch entfalten.

Alles, was es braucht, ist ein fruchtbarer Boden. Wo also findest du diesen fruchtbaren Boden? Nur weil ich nicht lehre, heißt das nicht, dass er nicht vorhanden ist. Ich teile meine Praxis gerne mit anderen. Im Dialog, im gegenseitigen Austausch.

Aber lass mich klar sagen: Was ich teilen kann, ist sehr einfach. Zu einfach für viele. Aber ich will es nicht kompliziert machen, um es zu lehren. Es kategorisieren, in Häppchen aufteilen, einen Plan daraus machen, und fett Kohle. Und ich bin kein Entertainer oder Animator und kein Guru.

Anstatt zu lehren, müssen wir einfach eine unterstützende, anregende und dialogische Umgebung schaffen. Wir müssen sie nicht einmal so sehr erschaffen, wir müssen sie finden und ermöglichen. Die richtigen Leute in der richtigen Landschaft. Sie werden die richtigen Dinge tun.

Die MOVEMENT ADVENTURES bieten genau das in einer konzentrierten und effektiven Weise. Sie haben bereits eine lange und reiche Geschichte. Sie sind jetzt Infinity Games, offene, aber durch die Rhythmen strukturierte Räume, in welchen es keine Rolle und Titel gibt. Also auch keine Leiter und Schüler, Animatoren und Animierte, keine Fortgeschrittenen und keine Anfängerinnen. Die Bewegung in den MOVEMENT AD-VENTURES kommt von dir selbst. Bring dein eigenes Repertoire mit, und deine Fragen, deine Erfahrungen und deine Unerfahrenheit. Es ist nicht wichtig, welche Art von Praxis du hast. Aber es ist wichtig, dass du eine Praxis hast. Dass du einen verkörperten Weg gehst. Denn das MOVENENT ADVENTURE ist ein Angebot für Pilger und Pioniere: Menschen, die einen Weg gehen und bewegt sind.

Sei willkommen.

Alle Infos findest du hier: integralmovement.ch

Martin Schmid

befindet sich seit 1988 auf dem Weg mit Taiji, Qigong, Yoga, Push Hands, Meditation und Kontemplation und unterrichtet seit 1996. Das Praktizieren und Unterrichten über Jahrzehnte hat ihm viel Erfahrung mit dem Potenzial, aber auch den Grenzen dieser Bewegungsformen eingebracht. Er entwickelte seine Praxis und sein Angebot kontinuierlich weiter, um zu einer dem Westen entsprechenden Form der Bewegungs-, Wahrnehmungs- und Erkenntnis-Schulung zu kommen. Dazu gehört auch, dass er den klassischen Weg des Unterrichtens hinter sich gelassen hat.

Weitere Bücher/eBooks von Martin Schmid

Das Buch der Bewegung
Überarbeitete und erweiterte Auflage
ISBN 978-3-906318-35-6

Reise zum Unmöglichen
ISBN 978-3-906318-27-1

Integraldynamik
ISBN 978-3-9524161-3-6

Umi
Eine Hinführung zur einfachen Meditation
ISBN 978-3-906318-24-0

Integrale Bewegung
Logbuch 1
ISBN 978-3-906318-38-7